FACULTÉ DE DROIT DE TOULOUSE

ESSAI SUR L'ORGANISATION

DU

POUVOIR JUDICIAIRE

A ROME

Dans l'ancienne Constitution française

d'après le Droit constitutionnel moderne.

THÈSE POUR LE DOCTORAT

PAR

E. MARGIER

AVOCAT

TOULOUSE

IMPRIMERIE SAINT-CYPRIEN

27, ALLÉES DE GARONNE, 27

1885

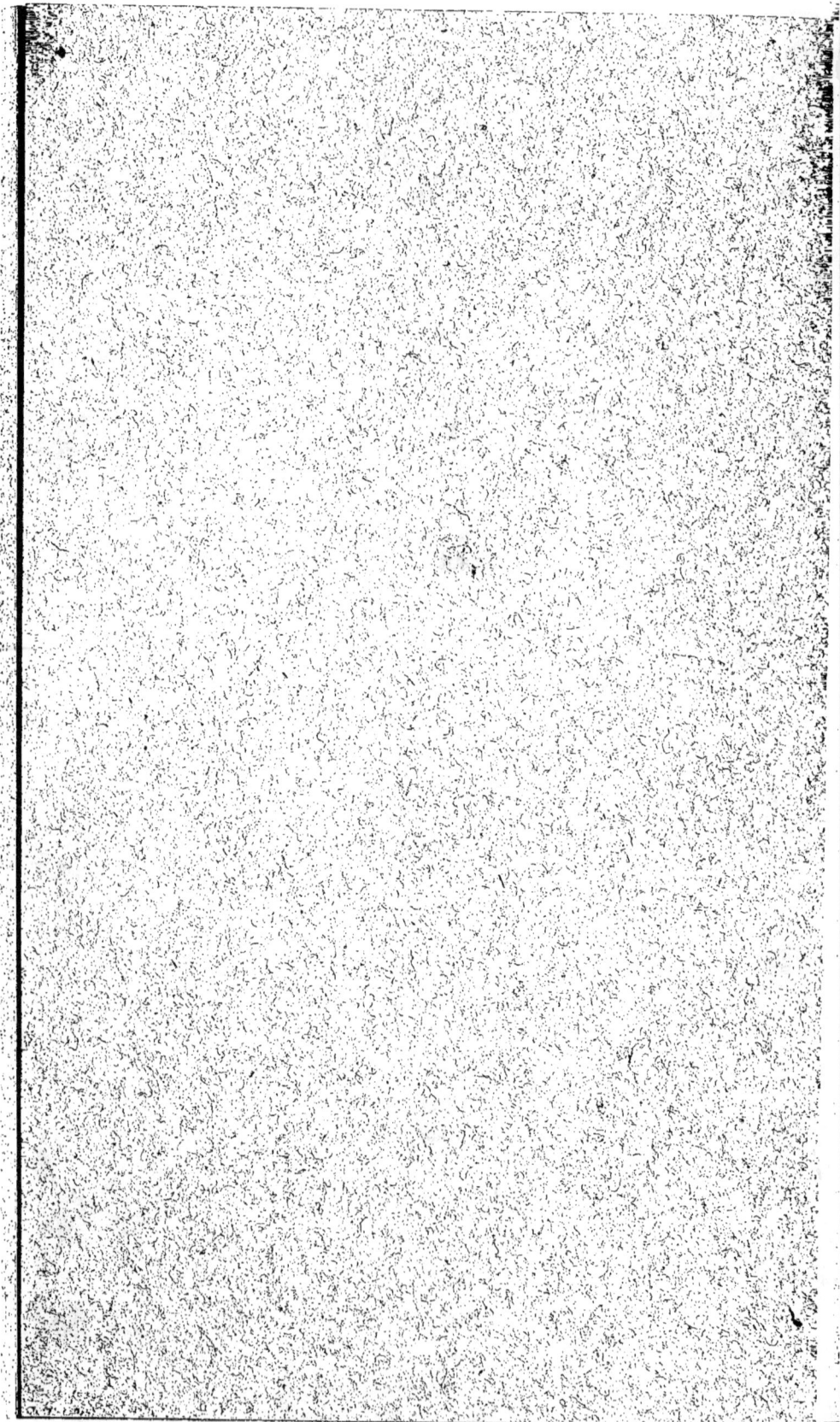

FACULTÉ DE DROIT DE TOULOUSE

ESSAI SUR L'ORGANISATION

DU

# POUVOIR JUDICIAIRE

## A ROME

Dans l'ancienne Constitution française
Et d'après le Droit constitutionnel moderne.

THÈSE POUR LE DOCTORAT

PAR

## E. MARGIER

AVOCAT

TOULOUSE
IMPRIMERIE SAINT-CYPRIEN
27, ALLÉES DE GARONNE, 27
—
1885

# FACULTÉ DE DROIT DE TOULOUSE

———✦———

MM. BONFILS ✣, Doyen, Professeur de Droit commercial.
    MOLINIER, O. ✣, Professeur de Droit criminel.
    BRESSOLLES (G.) ✣, Professeur de Code civil.
    GINOULHIAC ✣, Professeur de Droit français étudié dans ses origines féodales et coutumières.
    POUBELLE ✣, Professeur de Code civil, en congé.
    ARNAULT ✣, Professeur d'Economie politique.
    DELOUME, Professeur de Droit romain.
    PAGET, Professeur de Droit romain.
    CAMPISTRON, Professeur de Code civil.
    WALLON, Professeur de Droit administratif.
    BRESSOLLES (J.), Agrégé, chargé du cours de Procédure civile.
    VIDAL, Agrégé, chargé du cours de Droit criminel.
    HAURIOU, Agrégé, chargé du cours d'Histoire générale du Droit.
    M. BRISSAUD, Agrégé, chargé d'un cours de Code civil.
    M. ROUARD de CARD, Agrégé, chargé d'un cours de Droit international privé.
    M. MOUSSU, Secrétaire.
    M. HUMBERT, O. ✣, Sénateur, Professeur honoraire.
    M. HUC ✣, Conseiller à la Cour d'Appel de Paris, Professeur honoraire.

*Président de la Thèse*, M. PAGET.

*Suffragants* {
    MM. MOLINIER.
    GINOULHIAC.
    ROUARD de CARD.
}

La Faculté n'entend ni approuver ni désapprouver les opinions particulières du candidat.

A LA MÉMOIRE DE MON PÈRE

A MA MÈRE — A MON FRÈRE

A MES PARENTS — A MES AMIS

# BIBLIOGRAPHIE

*Von Ihering*, L'Esprit du Droit Romain, trad. de Meulenaere.

*Accarias*, Précis de Droit romain. T. II, 3e partie.

*Demangeat*, Cours élémentaire de Droit romain. T. I.

*Ortolan*, Explication historique des Institutes de l'empereur Justinien. T. I.

*Keller*, Traité des Actions et de la Procédure civile chez les Romains. Ch. i, Organisation judiciaire.

*Bonjean*, Traité des Actions. 2e vol. Paris, 1841-1845.

*Zimmern*, Traité des Actions, traduction Etienne. 1843.

*Walter*, Hist. de la Procédure civile chez les Romains, trad. Laboulaye. Paris, 1841.

*Walter*, Hist. du Droit criminel chez les Romains, trad· Picquet Damesme. Grenoble, 1863.

*Ed. Laboulaye*, Lois criminelles des Romains. Paris. Leipzig, 1845.

*Labatut*, Histoire de la Préture. Paris, 1868.

*Montesquieu*, Grandeur et décadence des Romains, *passim*.

*Laboulaye*, Des Causes générales de la décadence romaine. Rev. de législ. (Rev. Wolowski). 1843. T. XVIII.


*Sir Henri Sumner-Maine*, Etude sur l'histoire des institutions primitives. Paris, 1880.

*Pardessus*, La Loi salique. Paris, 1843.

*Thonissen*, Organis. judiciaire de la loi salique. Paris, Bruxelles, 1882.

*Giraud*, Hist. du Droit français au Moyen-Age. T. I, ch. iii.

*Guizot*, Hist. de la civilisation en France, *passim*.

*Savigny*, Hist. du Droit romain au Moyen-Age. T. I, *passim*.

*H. de Pansey*, De l'Autorité judiciaire en France. Paris, 1818. Introduction.

*Pardessus*, Essai historique sur l'organisation judiciaire. 1851.


*Montesquieu*, Esprit des Lois, dans les OEuvres complètes. Paris, 1822.

*De Tocqueville*, La Démocratie en Amérique. T. II, ch. VIII.

*De Tocqueville*, Ancien Régime et Révolution. L. II, ch. X.

*Prévost-Paradol*, La France nouvelle. L. II, *passim*, surtout ch. VII.

*Saint-Girons*, Manuel de Droit constitutionnel. 1884. Ch. XII.

*Saint-Girons*, Essai sur la séparation des pouvoirs. 1881. L. II, ch. II.

*Fuzier Hermann*, La Séparation des pouvoirs. 1880. Ch. XXII.

*Rossi*, Cours de Droit constitutionnel. 1877. T. IV, 93ᵉ leçon.

*Palma*, Diritto costituzionale. Roma, 1884. T. II, ch. VIII.

*Casanova*, Lezioni del diritto costituzionale. Firenze, 1875. Ch. XXXVIII.

*Ad. Faustin Hélie*, Les Constitutions de la France. 1880.

*J. Simon*, La Liberté politique. Ch. III.

*J. Favre*, La Réforme judiciaire. 1877.

*G. Picot*, La Réforme judiciaire (Rev. des Deux-Mondes, 1er et 15 janv. 1881).

*Thonissen*, La Constitution belge annotée. Paris, 1879. Art. 99 et suivants.

*Dalloz*, Répertoire, Vⁱˢ Appel, degrés de juridiction.

*Journal officiel*, Ch. des Dép., Séances des 13, 15, 16, 18, 20, 22 nov. 1880. — Séances du 31 mai au 10 juin 1882. — Séances des 16, 18, 20, 22, 23, 25 janv. 1883. — Séances du 24 mai au 5 juin 1883. — Sénat, Séances du 19 au 31 juillet 1883.

## PREMIÈRE PARTIE

# DU POUVOIR JUDICIAIRE A ROME

« Notre Constitution n'est pas l'œuvre
improvisée d'un jour ni d'un homme, mais
l'œuvre patiente des siècles, l'œuvre commune de tous les citoyens. »

Cic., *De Rep.*, II, 1.

## CHAPITRE PREMIER

LES ORIGINES DE LA PUISSANCE DE JUGER. — SON EXERCICE
DURANT LES PREMIERS SIÈCLES DE ROME.

Aussi loin que l'on remonte dans l'histoire, dès les
temps les plus reculés, à l'origine même de toute société,
on doit trouver un pouvoir chargé de trancher les contestations qui peuvent s'élever entre les membres de la
communauté, de maintenir l'ordre au sein de la tribu et
de punir les crimes commis contre la société naissante.
Dès qu'une société se forme, dès qu'un groupe d'hommes
se réunissent dans une même enceinte, ce pouvoir doit
naître ; il est indispensable au maintien de cette société

qui, sans lui, périrait bien vite par l'anarchie causée par les intérêts contraires de ses membres. Mais le génie particulier de chaque race a donné une satisfaction différente à ce besoin. Tantôt on s'adresse, pour trancher les litiges, à la divinité représentée par les prêtres (1), et les jugements sont rendus sous forme d'oracles ; tantôt c'est le père qui rend la justice au sein de la famille ; dans la tribu, c'est le chef, à la fois prêtre, législateur, général d'armée et juge ; tantôt c'est à l'assemblée des vieillards qu'on soumet les contestations, aux anciens de la nation, réunis en Sénat (*senex*), que leur âge rend inhabiles aux durs travaux de la chasse et de la guerre et sages dans les conseils.

Ce pouvoir est bien faible, bien incertain, souvent impuissant en face d'hommes primitifs et violents, difficiles à soumettre à une autorité, à une discipline quelconque; nous ne devons pas cependant hésiter à le considérer comme un véritable pouvoir judiciaire.

A Rome, ce pouvoir, et un pouvoir déjà fort, était plus que partout nécessaire, s'il est vrai que la ville de Romulus ait recruté ses premiers habitants parmi des aventuriers et des brigands, venus de tous les points de l'Italie. Dès la plus haute antiquité, le génie éminemment personnel des Romains a dû, d'après des conjectures assez vraisemblables (2), imprimer à la puissance de juger un caractère tout particulier : point de magistrats institués pour rendre la justice. L'assemblée du peuple, qui seule est souveraine, juge et punit les crimes commis contre la communauté ou contre un des membres de la communauté : c'est la communauté qui a été lésée, c'est elle qui doit demander réparation ; c'est donc l'ensemble des

(1) Il en était ainsi chez les Gaulois, où les Druides avaient à la fois le sacerdoce et la puissance de juger.

(2) Ihering, *Esprit du Droit romain*, t. Ier, pp. 169 et suiv.

citoyens qui compose la juridiction criminelle. Quant à la juridiction civile, elle a un caractère purement contractuel : quand une contestation s'élevait sur des droits privés entre deux citoyens, il n'y avait pas d'autorité supérieure pour la trancher ; les parties choisissaient un arbitre, un homme connu par sa sagesse et sa science, dans lequel l'une et l'autre avaient confiance, et se soumettaient volontairement à sa décision (1). Ce libre choix du juge est un des traits caractéristiques du pouvoir judiciaire à Rome : nous verrons que ce principe se maintint durant de longs siècles, même après la création de magistrats particulièrement chargés de l'administration de la justice.

Tel est donc l'aspect que nous offre le pouvoir judiciaire dans cette période, que j'appellerai antéhistorique ; on ne peut en dire davantage, sans tomber dans des conjectures hasardées : tout ce qu'on peut affirmer avec vraisemblance, d'après les institutions que nous verrons fleurir plus tard sur le sol romain, c'est qu'à l'origine, la puissance de juger n'était pas exercée par un magistrat supérieur, mais résidait dans le peuple même. Dans ces temps de barbarie, la force devait souvent prévaloir sur le droit ; celui qui se prétendait lésé dans ses droits devait se faire bien des fois justice lui-même. Un peuple, composé d'hommes violents, aventuriers sans patrie, sans dieux, sans famille, ne pouvait se passer longtemps de chef ; il lui fallait un maître pour tenir en respect cette multitude de brigands, et fonder un état vraiment stable. La royauté fut instituée dans l'intérêt commun, et Romulus put être regardé dans la suite comme le fondateur de Rome : il l'a fondée par l'ordre et le droit.

(1) Lire dans Ihering le chapitre portant pour titre : Règlement amiable des contestations, liv. I, tit. I, chap. I.

Le peuple a abdiqué toute sa souveraineté entre les mains d'un seul homme, choisi dans son sein, et nous voyons ce chef suprême de la communauté romaine, le *rex*, investi de toute la puissance de juger, comme du droit de faire les lois et du commandement militaire : *Constat omnem potestatem habuisse* (fr. 2, §§ 1 et 14, *De orig. jur.*). Il tranche seul toutes les contestations qui s'élèvent entre citoyens (1). Il condamne à une peine celui qui s'est rendu coupable d'un crime. Comme ses attributions étaient variées et nombreuses, un seul homme n'aurait pu suffire à toutes ; aussi il lui arrivait souvent de déléguer ses pouvoirs à des hommes de son choix, sénateurs ou patriciens, surtout pour les affaires de peu d'importance : Romulus ne connaissait personnellement que des causes les plus graves, et renvoyait les autres au Sénat (2). Quelquefois le roi déléguait son pouvoir, en matière criminelle, à deux citoyens, les *duumviri perduellionis*, choisis par les comices-curies. Le roi paraît avoir jugé seul (Tite-Live, I, n° 28); il devait cependant, dans les affaires graves, consulter les hommes sages de la nation, et le même Tite-Live reproche à Tarquin le Superbe d'avoir jugé sans Conseil (I, 49). On pense que ce Conseil devait être le Sénat. Pouvait-on appeler au peuple des sentences rendues par le roi ? L'appel eût été logique, puisque c'était du peuple que le souverain tenait son pouvoir. Cicéron (*De Rep.*, II, n° 31), Sénèque (*Lettres à Lucillius*, CVII) déclarent que l'appel était possible. La sentence de mort rendue contre le jeune Horace fut réformée par le peuple (Tite-Live, I, 26) ; mais cette sentence était l'œuvre des *duumviri* et non du roi, et malgré les témoignages de Sénèque et de Cicéron, des doutes subsistent,

(1) Cic., *De Rep.*, v, 2. — Den d'Halic., IV, 25.
(2) Den d'Halic., II, 14.

qui ont donné lieu à des controverses. M. Demangeat
(t. I<sup>er</sup>, p. 28) pense que le droit d'appel n'a été introduit
que sous les derniers rois.

Les consuls, rois annuels, héritèrent de tous les pouvoirs du roi ; ils eurent la suprême puissance de juger.
Mais le peuple, par des conquêtes successives, ne tarda
pas à reconquérir son droit de rendre la justice, soit par
lui-même et directement dans l'assemblée des comices,
soit par un simple citoyen pris dans ses rangs. Nous
allons successivement examiner l'organisation de la justice
civile et de la justice criminelle sous la République.

## CHAPITRE II

#### DE LA JUSTICE CIVILE SOUS LA RÉPUBLIQUE.— LE PRÉTEUR.
#### — LE JUDEX. — JUS ET JUDICIUM.

Investis du souverain pouvoir, ayant dans leurs
mains toutes les attributions administratives, militaires et
judiciaires, les consuls durent bientôt être surchargés par
des fonctions aussi étendues. Leurs absences fréquentes de
Rome à la tête des armées leur rendaient surtout difficile
l'administration de la justice. Lorsque la Cité s'agrandit,
il fallut créer de nouveaux magistrats pour leur venir en
aide. (Pomponius, fr. 2, § 27.) Le principal fut le préteur
urbain, créé en 387 de Rome, après le vote des lois Li-
ciniennes, qui ouvraient aux plébéiens l'accès du Consulat;
pour compenser cette perte de leur influence, les patriciens obtinrent ce nouveau magistrat, qui devait être pris

exclusivement dans leur ordre (Tite-Live, VII, 1). Plus tard, un second préteur fut créé, le préteur pérégrin (Lydus, *De magistr.*, I, 38 et 45 ; fr. 2, §§2, 28, *De orig. jur.*). En 529, on en nomma quatre, dont deux pour commander en Sardaigne et en Sicile ; il y en eut six en 557. — De bonne heure avaient été institués les Ediles, chargés de la poursuite des crimes commis par les patriciens contre les plébéiens ; et plus tard les Ediles curules, chargés de la police des marchés et des litiges qui s'y rattachaient. — Dans les circonstances graves, on nommait le dictateur, qui cumulait toutes les magistratures (Cic., *De leg.*, L. III, n° 3 ; *De Republ.* I, 540); ses décisions n'étaient jamais soumises à l'appel au peuple.

De tous ces magistrats, celui dont nous avons surtout à nous occuper est le préteur, qui finit par faire de l'administration de la justice civile son occupation principale et à peu près exclusive. Il n'avait pas cependant été créé directement dans ce but. Les peuples de l'antiquité n'ont pas connu le grand principe de la séparation des pouvoirs : le droit public de Rome ne distingua jamais la Justice de l'administration (1). La puissance de juger était considérée comme un attribut de la souveraineté. « On ne comprenait guère alors qu'un homme, investi d'une portion quelconque de la puissance publique, n'eût pas le droit de rendre un jugement et de publier un Edit (2). »

Le préteur, comme les autres magistrats romains, avait donc une portion de la souveraineté, complète, entière. Sa création n'enleva pas aux consuls leur juridiction, et il eut lui-même une part aux autres affaires de l'Etat. Il avait des fonctions législatives, administratives, militaires même ; collègue du Consul (3), il le remplaçait ordinai-

---

(1) Montesquieu, *Esprit des Lois*, L, XI, ch. XVIII, reconnaît que la division des pouvoirs n'existait pas à Rome.

(2) Dareste, *Just. admin.*, p. 1.

(3) Tite-Live, VII, I. — Aul. Gel., *Nuits att.* XIII, 15.

rement pour les affaires intérieures; il convoquait et présidait le Sénat; il présidait aussi les comices, à l'exception des comices consulaires; il pouvait même commander les armées, quand le Sénat jugeait bon de le mettre à leur tête. Ce serait donc se faire une bien fausse idée de ce magistrat que de le considérer, d'après nos idées modernes, comme un fonctionnaire de l'ordre judiciaire, exclusivement chargé de rendre la justice. Ce fut bien là cependant son attribution particulière en fait : cela vint de ce que, dans le tirage au sort des provinces *(provinciarum sortitio)*, sa compétence fut bornée à Rome et à un certain rayon autour de la ville. Cette mesure eut pour résultat de lui attribuer particulièrement, sans en dépouiller les autres magistrats, l'administration de la justice civile. On s'adressa plus rarement aux consuls, retenus la plus grande partie de l'année loin de Rome par les guerres continuelles de la République.

Comme tous les grands magistrats romains, le préteur a donc l'*imperium (potestas)*, droit de commander et de contraindre, de recourir à la force pour réaliser les commandements (1). C'est de ce pouvoir que dérive l'ensemble des attributions relatives à l'administration de la justice, qui constitue le pouvoir judiciaire du préteur et qu'on appelle la *jurisdictio*. Sous cette expression, on comprend tout acte par lequel le magistrat déclare le droit : *jus dicere*, c'est proprement accomplir certains actes, prononcer certaines paroles solennelles, nécessaires pour que la procédure puisse s'engager. On a résumé ces pouvoirs juridictionnels par les trois mots : *Do, Dico, Addico.* — *Dat actiones, recuperatores, judices, arbitros, tutores, restitutiones in integrum, bonorum possessiones. Dicit,*

(1) L. 32, D., *De inj.* — LL. 214 et 215, D., *De verb. signif.*

*dum edicta proponit. Addicit in cessionibus in jure, in judiciis divisoriis* (1).

Nous n'entrerons pas dans le détail des attributions nombreuses comprises dans la *jurisdictio*. Une énumération rapide suffira. Ces attributions ont été classées en cinq catégories (2) :

1° *Jus edicendi,* droit de publier un Edit sur les objets faisant la matière de l'administration du préteur (Gaius, IV, 110. — Inst., p. 8, *De act.*).

2° *Imperium mixtum,* droit de prendre, en dehors de tout litige, des mesures de protection, telles que la *bonorum possessio,* la *restitutio in integrum* (fr.3, *De juris.*).

3° *Legis actio,* juridiction gracieuse (affranchissement, adoption...) qui exigeait l'emploi de certaines formes solennelles.

4° Certaines attributions spéciales, dérivant de la loi, telles que le droit de nommer un tuteur *(lex Atilia),* de composer et de présider le *Concilium* qui examine les *justæ causæ manumissionis,* etc.

5° *Jus judicari jubendi aut judicandi,* juridiction contentieuse, droit de juger ou de renvoyer les parties devant un juge ou un tribunal. Ce droit prenait plus particulièrement le nom de *jurisdictio* : c'était la *jurisdictio sensu stricto,* opposée à la *jurisdictio sensu lato,* qui embrassait toutes les attributions qui viennent d'être énumérées.

A ces fonctions judiciaires, il faut joindre le *Jus gladii*

(1) Macrob., *Saturn,* I, 16.
(2) Accarias, t. II, pp. 806 et suiv.

ou *jus animadvertendi*, c'est-à-dire la juridiction criminelle, dont nous aurons à nous occuper plus tard.

En présence d'attributions aussi nombreuses, aussi étendues, reposant toutes sur la tête d'un seul homme, une question se pose naturellement à l'esprit. Comment un magistrat, revêtu d'une puissance illimitée, ayant à la fois, en fait le pouvoir législatif par l'interprétation large du *jus civile* dans l'Edit, la puissance de juger et la puissance exécutrice, n'était-il pas tenté d'user de son pouvoir dans son propre intérêt ou dans celui de son parti, plutôt que dans l'intérêt général ? N'y avait-il pas dans cette organisation un danger permanent, et ne doit-on pas s'étonner de rencontrer si peu d'abus de la part des magistrats, si peu d'attentats contre les libertés romaines ? En apparence, il n'y a pas de garanties; nous trouvons un pouvoir immense concentré dans les mêmes mains, et aucun contre-poids à ce pouvoir. En réalité, le magistrat romain, revêtu en droit de la plénitude de la souveraineté, était loin de jouir en fait d'une puissance illimitée : il rencontrait bien des obstacles à l'expansion de son pouvoir ; il était enfermé dans un cercle étroit de précédents et d'usages, dont il ne pouvait sortir sans soulever contre lui des protestations, sans perdre sa popularité et toute chance de réélection ; à côté de lui, il avait un collègue qui contrôlait ses actions ; le tribun qui, par son veto, annulait ses actes contraires à l'intérêt de l'Etat. D'ailleurs, ce magistrat n'était revêtu de la puissance du peuple que pour un temps très court, une année; il était soumis à une responsabilité rigoureuse, et, à sa sortie de charge, l'assemblée du peuple pouvait l'appeler devant elle pour lui demander compte de ses actes. La garantie des libertés publiques, que les peuples modernes cherchent dans la division et l'équilibre des pouvoirs, les anciens l'ont trouvée dans le contrôle réciproque des magistrats les uns sur les autres , et une responsabilité sérieusement organisée.

Les libertés civiles, les intérêts particuliers étaient-ils aussi bien garantis ? n'étaient-ils pas exposés à subir des atteintes graves de la part d'un magistrat qui réunissait tous les pouvoirs à celui de juger ? L'institution du *judicium* prévenait ce danger.

Tout procès se divisait en deux parties, et la procédure parcourait deux phases distinctes : une première phase se déroulait *in jure* devant le magistrat, qui fixait seulement l'objet du litige et réglait la marche à suivre ; il ne jugeait pas l'affaire lui-même ; il devait se borner à établir le *judicium,* c'est-à-dire à soumettre le procès soit à un tribunal permanent, soit à un ou plusieurs juges spécialement nommés pour le cas particulier et librement choisis par les parties. La seconde phase avait lieu *in judicio* devant le juge, et se terminait par un jugement (*sententia*). Grâce à ce système, le magistrat était mis hors d'état d'abuser de son pouvoir, puisqu'il n'agissait pas directement sur les intérêts privés, puisqu'il n'avait pas la solution définitive du litige. Le *judex,* agréé par les deux parties, indépendant de tout pouvoir, était mis à l'abri de toutes les influences qui auraient pu altérer l'impartialité de sa sentence. Il y avait, on en conviendra, dans cette organisation, de sérieuses garanties pour le justiciable.

Ce n'était pas, du reste, le seul avantage du système romain : il a contribué au merveilleux et fécond développement du droit prétorien. Voici comment s'exprime, à ce sujet, le savant historien de la procédure civile à Rome, l'Allemand Walter : « Le magistrat n'avait pas à s'embarrasser de mille questions de fait et de détail, qui obscurcissent la vue des vrais principes ; son rôle était bien plus élevé : il était presque législateur ; il pouvait s'élever au-dessus de la sphère des intérêts particuliers pour embrasser les questions générales, tenir la législation au niveau des besoins du jour... C'était indirectement par la procédure que, chez les Romains, on modifiait insensiblement le Droit civil. Ce beau rôle de réformateur de la législation appartenait au magistrat revêtu du pouvoir judiciaire. »

Le fonctionnement de ce système nous explique, enfin, comment un si petit nombre de magistrats pouvait suffire à l'administration de la justice dans une grande cité comme Rome : un ou deux préteurs, chargés de connaître de toutes les contestations, n'auraient jamais pu suffire à la tâche. Il avait donc encore cet avantage, d'économiser les magistrats.

Cette séparation du *jus* et du *judicium* constitue le caractère essentiel et vraiment distinctif de la procédure romaine. De bonne heure, nous voyons cette institution se développer. Peut-on fixer, d'une façon au moins approximative, l'époque de son introduction dans la Constitution romaine ?

L'institution du *judex* apparaît, pour la première fois, dans un texte législatif, avec la loi *Pinaria,* de l'année 280 ou 322 de Rome (on hésite entre les deux dates) (1); cette loi veut que trente jours après avoir accompli les solennités du *sacramentum,* les plaideurs se représentent devant le magistrat pour lui demander un juge (Gaius, IV, 15). A partir de cette époque, on ne peut douter que la distinction ne soit devenue le droit commun ; mais était-elle inconnue auparavant ? La loi *Pinaria* l'a-t-elle créée, ou s'est-elle bornée à fixer un délai de trente jours entre la comparution des parties et la dation du juge pour permettre au magistrat de réflé-

---

(1) En 280, on trouve un consul du nom de L. Pinarius ; en 322, un tribun militaire, *consulari potestate*, L. Pinarius Mamercus.

2

chir ? Ce point est très vivement controversé entre les romanistes. Un mot du manuscrit de Gaius, qui n'a pu être déchiffré, a causé tous les doutes. Au Commentaire IV, § 15, après quelques lignes concernant la loi *Pinaria,* on lit : *Ante eam legem... m dabatur judex.* Quelques commentateurs (1) lisent *nondum ;* la loi *Pinaria* a donc créé la distinction du *jus* et du *judicium ;* avant elle, le préteur tranchait lui-même tous les litiges qui lui étaient soumis. D'autres (2) comblent la lacune du manuscrit par le mot *statim* ou *confestim ;* le *judex* était connu bien avant la loi, mais le magistrat le désignait dès que la procédure du *sacramentum* était terminée.

C'est cette dernière interprétation que je crois devoir adopter. Cette distinction est fort ancienne ; elle me paraît remonter aux origines mêmes de Rome ; elle est un des traits caractéristiques du génie romain. C'était un usage dont l'origine se confond avec celle des Romains, que les parties choisissent librement leur juge : « Nos ancêtres, dit Cicéron, ont voulu que dans toute contestation où il s'agirait, je ne dis pas de l'honneur d'un citoyen, mais du plus léger intérêt pécuniaire, nul ne pût exercer les fonctions de juge sans avoir été agréé par les deux parties (3).

Ce qui se passait sous la période royale paraît contredire cette conjecture : le roi tranchait lui-même tous les litiges (4). Mais la royauté, à mon sens, fut dans la vie du peuple romain quelque chose d'exceptionnel, d'anormal ; à sa chute, le peuple dut reprendre les droits qu'il avait cru devoir abdiquer en faveur d'un seul, dans l'intérêt de la patrie. D'ailleurs, dès cette époque même, on rencontre

(1) Heffter.
(2) Buttmann, Blondeau, Accarias.
(3) *Pro Cluent.,* XLIII.
(4). Cic., *De Rep.*, v, 2 ; Den. d'Halic., iv, 2.

des textes qui permettent de conclure que la distinction était déjà connue. Denys d'Halicarnasse (II, 9) compte parmi les privilèges des patriciens, celui de juger ; ailleurs (II, 14) il dit que Romulus ne connaissait personnellement que des affaires les plus graves et renvoyait les autres aux sénateurs ; plus loin, il rapporte que Servius Tullius sépara les causes publiques des causes privées, retint la connaissance des premières et voulut que les autres fussent jugées par des particuliers. Malheureusement cet historien mérite en général peu de confiance, surtout en matière juridique. Ce qui est plus certain, c'est que les XII Tables parlent du *judex* et de l'*arbiter*, comme d'une institution anciennement connue, et non pas nouvellement introduite (t. I, § 1 ; II, § 2 ; III, § 2 ; VII, § 5 ; IX, § 3 ; XII, § 3). Je crois donc qu'on peut faire remonter avec certitude la distinction des deux phases de la procédure, au moins au commencement de la République, et, avec vraisemblance, au début même de Rome, pour un certain nombre de cas au moins.

Ce serait sortir du cadre restreint de notre étude que d'entrer dans les détails de la procédure romaine, soit *in jure,* soit *in judicio.* Nous avons déjà parlé du premier personnage qui joue un rôle dans cette procédure, du magistrat et de ses attributions. Il nous reste à dire un mot de la seconde personne qui prend une part à la justice civile, du *judex.*

Le *judex* n'avait aucun caractère officiel ; ce n'était pas un magistrat revêtu de la puissance publique. C'était un simple citoyen, choisi librement par les parties parmi les personnes réunissant les qualités voulues, et avec le concours du magistrat, qui investissait l'élu, par décret spécial, des pouvoirs nécessaires. Il faut insister sur cette idée : le choix du juge émanait des parties et devait résulter autant que possible de leur accord. Si, dès le début du litige, elles parvenaient à s'entendre, leur choix était complètement libre (fr. 57, *De re jud.*) ; il n'était pas limité à certaines catégories de citoyens ; il pouvait porter sur toutes les personnes qui n'étaient pas incapables. On a quelque raison de croire qu'avant de se présenter devant le magistrat, les parties avaient ordinairement choisi leur juge (1). Si les plaideurs ne pouvaient se mettre d'accord, le demandeur proposait un juge (*judicem ferre adversario*) (2) ; mais il devait faire son choix parmi certaines personnes déterminées, dont les noms figuraient sur un *album* qui nous occupera tout à l'heure. Le défendeur pouvait rejeter le juge proposé sans donner les motifs de son refus : accordé sans limitations, ce droit était dangereux, exorbitant ; par des refus successifs, le défendeur pouvait arriver à paralyser la poursuite. Aussi quelques auteurs pensent qu'il devait confirmer et expliquer son refus, en déclarant, par serment, qu'il n'y avait pour lui aucune justice à attendre de la personne proposée (3), et ce serment pouvait, sous la République, attirer l'attention et la sévérité des censeurs. Cette opinion est loin d'être généralement admise. Quoi qu'il en soit, on ne pouvait laisser le demandeur à la merci de son adversaire : aussi, quand il apparaissait que l'esprit de chicane était la seule cause des refus du défendeur, le préteur pouvait le traiter comme un *reus qui recte et uti oportet se non defendit*, peut-être même lui imposer le *judex*, injustement écarté.

Telle était la procédure suivie dans le choix du *judex* et de *l'arbiter*. Un autre mode était suivi pour les *recuperatores*, au moins dans les provinces : le gouverneur choisissait ou tirait au sort dans le *conventus* certaines

(1) Festus, V. *Procum*; *Procare*; Varr., *Ling. lat.*, VII, 80.
(2) Cic., *Pro Q. Rosc.*, XIV, 42; XV, 45.
(3). Keller, *Procéd. civ.*, p. 37, et note 145.

personnes dont les noms formaient une liste d'une certaine étendue ; sur cette liste chaque partie exerçait un certain nombre de récusations. Procédait-ou de la même manière à Rome ? La *lex Thoria* qui, dans un cas particulier, prescrit de soumettre aux parties onze noms, pris parmi cinquante citoyens de la première classe et sur lesquels chacune pouvait exercer quatre rejets, permet de le penser.

Les juges privés, nous l'avons dit, ne pouvaient être pris que dans certaines classes de personnes ; à l'origine, le droit de juger était exclusivement réservé aux membres du Sénat (Polyb., vi, 17 ; Plaut., *Rud.*, iii, 3, 7 et ss.), qui tenaient beaucoup à cette prérogative et qui paraissent l'avoir conservée plus longtemps en matière civile qu'en matière criminelle. Suivant Keller (*Proc. civ.*, pp. 39 et 40), les changements opérés sur ce point dans les *judicia publica*, au VII<sup>e</sup> siècle, n'auraient pas été, au moins immédiatement, appliqués aux *judicia privata*. C'est sous Auguste, en effet, que, pour la première fois, il est fait mention d'un *album judicum selectorum*, spécial aux *judicia privata*, et composé de personnes appartenant à diverses classes. Mais il est vraisemblable qu'avant cette époque, les sénateurs n'étaient plus seuls en possession du droit de juger. Auguste, nous apprennent les historiens de son temps (1), ajouta une quatrième décurie, une décurie de *ducennariorum*, c'est-à-dire de personnes ayant un cens de 200,000 HS., aux trois qui existaient déjà, mais seulement pour les affaires de moindre importance. Quelle était la composition de ces trois décuries ? D'après Keller (2), Laboulaye (3) et quelques autres, la première

(1). Suét., *Oct.*, 32.
(2). *Procéd. civ.*, p. 40
(3). *Lois crimin. des Rom.*, p. 311.

décurie était prise parmi les sénateurs ayant un cens de 800,000 à 1200,000 HS. ; la seconde parmi les *equites* illustres ayant le cens sénatorial ; la troisième parmi les simples chevaliers ayant un cens de 400,000 HS. Mais ce ne sont là que des conjectures.

Nous n'avons pas des renseignements plus précis sur la composition de l'*album* dans les provinces ; il paraîtrait que chaque province avait ses lois spéciales à cet égard ; à défaut *des leges provinciæ,* les juges étaient pris parmi les membres du *conventus* (1). Dans les municipes et les colonies, l'*album judicum* se confondait avec l'*album decurionum ;* peut-être même le peuple dans certains cas obtenait une certaine participation à l'administration de la justice (2).

En somme, ces détails sur la composition de l'*album* n'offrent qu'un médiocre intérêt. Ce qui doit surtout attirer notre attention, c'est le soin que les Romains ont pris à assurer une bonne justice. L'institution du juge privé offrait des dangers : tout homme n'a pas les qualités nécessaires pour remplir ces difficiles fonctions, des lumières suffisantes, une impartialité au-dessus de tout soupçon. Voilà pourquoi les Romains ont voulu que les juges fussent choisis dans certaines classes de personnes que leur intelligence, leur situation sociale, leur position de fortune rendaient plus capables de bien rendre la justice.

Nous devons ajouter que nul ne pouvait remplir les fonctions de juge, s'il n'avait vingt ans (fr. 41, *De recept.,* IV, 8).

Dans quelques cas particuliers, les parties n'étaient pas renvoyées devant un *judex*, mais devant un collège permanent de juges, devant le tribunal des Decemvirs ou

(1) Cic., *Ver.*, II, 13.
(2) V° Keller, p. 41, note 159.

celui des Centumvirs. Comme des doutes existent sur l'ancienne organisation de ces tribunaux, sur leur composition, leur compétence, et que sur tous ces points on en est réduit à des conjectures, nous n'entrerons pas dans de longs détails à leur sujet.

L'origine de ces tribunaux est fort ancienne ; peut-être peut-on la faire remonter à l'organisation judiciaire établie par Servius Tullius pour les affaires privées ; on est généralement d'accord pour donner cette origine aux Décemvirs. D'après un passage de Tite-Live (iii, 55), ils auraient été contemporains des XII Tables. Pomponius (fr. 2, § 29, *De orig. jur.*) place leur création après celle du préteur pérégrin, c'est-à-dire après l'année 507.

Quant aux Centumvirs, ils ne paraissent pas remonter à une époque antérieure à la loi des XII Tables. Bethman-Hollweg cependant place leur création sous le règne de Servius Tullius (*Der civil prozess.* T. I, § 23, p. 56) ; quelques romanistes les rattachent à la *lex Æbutia ;* d'autres fixent la date de leur introduction entre l'époque où le nombre des tribus fut porté à trente-cinq (en 513 de Rome) et la loi *Æbutia.* Nous ne connaissons pas mieux leur composition primitive, leur mode de recrutement, leur organisation ; les conjectures se sont données libre carrière sur tous ces points ; elles sont plus ou moins vraisemblables ; nous ne les reproduirons pas. Voici seulement ce que l'on sait d'une manière positive.

Le tribunal des Centumvirs fut d'abord composé de cent cinq membres, trois choisis dans chaque tribu (Festus, V° *Centumviralia*) ; plus tard, ce chiffre fut porté à cent quatre-vingts au moins (Pline, *Ep.*, vi, 33). Nous savons que les *quæstorii* eurent d'abord sur ce tribunal une certaine direction qu'Auguste transféra aux *Decemviri* (Suét., *Oct.*, 36). La présidence était attribuée au préteur. La lance, *hasta,* symbole de la propriété, avait été donnée comme insigne distinctif de cette juridiction, spécialement chargée à l'origine, comme nous le verrons, des questions de propriété.

Le tribunal des Centumvirs était divisé, au moins au temps de l'Empire, en plusieurs chambres, appelées *consilia, hastæ, tribunalia*. A cette époque, les diverses sections tenaient leurs séances dans la basilique Julia, parfois simultanément dans des pièces distinctes, parfois réunies dans la même enceinte. « La réunion de plusieurs sections, dit M. Keller, avait uniquement pour but de faciliter l'audition des parties et de simplifier les débats, dans le cas où plusieurs actions, se rattachant à une même affaire, étaient portées en même temps devant le tribunal. Le moment de délibérer et de juger venu, on se séparait, et la décision de chaque section restait complètement indépendante de celle des autres (1). »

La compétence des Centumvirs ne nous est bien connue que pour l'époque la plus récente ; à l'époque classique, elle était limitée aux procès de succession, portant principalement sur des questions d'exhérédation ou de prétérition, parfois sur d'autres points du *jus hereditatis*. Mais, à l'origine, elle paraît avoir été bien plus large ; encore au temps de Cicéron (*De Or.*, I, 38) elle paraît embrasser toutes les *vindicationes*, c'est-à-dire tous les procès sur la propriété, à l'exclusion des procès sur le *status* et peut-être aussi de ceux relatifs aux choses mobilières. Peut-être, dans un certain nombre de cas, le choix était laissé aux parties entre les *judices privati* et les Centumvirs : le nombre de ces cas devint sans doute de plus en plus considérable, à mesure que se développa l'institution du *judex privatus ;* l'ancien tribunal, avec la vieille procédure du *sacramentum,* ne fut plus conservé

(1) Keller, *Proc. civ.*, p. 21.

que pour une catégorie d'affaires tout à fait exceptionnelles, à cause de leur importance, ou pour d'autres motifs
qui nous sont inconnus.

Ce tribunal, dont l'origine remontait aux premiers
siècles de Rome, eut une longue durée, sinon une des-
tinée brillante dans l'Empire ; il se maintint longtemps,
mais avec une importance de moins en moins grande.
Pline le Jeune (*Epist.*, II, 14) traite les causes qu'il avait à
juger d'*exiles* et de *parvæ*. La dernière mention est de la
fin du IV° siècle après Jésus-Christ (S. Jérôme, *Ep. ad
Dom.*, 30). Peut-être disparut-il entre Dioclétien et Constantin, ou seulement à la chute de l'empire d'Occident.

Un mot sur le tribunal des Décemvirs. A l'époque où
l'on commence à avoir quelques renseignements certains
sur cette vieille institution, nous voyons sa compétence
restreinte aux procès concernant le *status*, particulièrement ceux relatifs à la liberté et au droit de cité (Cic.,
*Pro domo,* 29 ; *Pro Cæc.,* 33). Mais si ces Décemvirs
sont les mêmes que les juges institués par Servius Tullius
pour les affaires privées dont parle Denys d'Halicarnasse
(IV, 25), dans le principe, ils statuaient sur toutes les
affaires de droit commun. Ce ne fut que plus tard, à la
suite de la création d'autres tribunaux et d'autres juges,
que leur compétence fut restreinte. Il est probable que,
dès le règne d'Auguste, ils cessèrent d'exister comme tribunal distinct ; ils furent placés à la tête des *Centumviri*
et eurent la direction matérielle des instances (Suét.,
*Aug.,* 36). Les écrivains postérieurs n'en font plus mention comme tribunal distinct ; les questions d'état ne donnent plus lieu qu'à des formules préjudicielles.

# CHAPITRE III

DE LA JUSTICE CRIMINELLE SOUS LA RÉPUBLIQUE. —
L'ASSEMBLÉE POPULAIRE. — LES « QUÆSTIONES PER-
PETUÆ ».

Les consuls ne gardèrent pas longtemps la juridiction
criminelle ; le peuple ne tarda pas à ressaisir ce droit,
qu'il conserva jusqu'à la fin de la République et qu'il
exerça au début directement, plus tard, par des commissions qui rendaient la justice en son nom. La loi *Va-
leria* (an 245 de Rome) attribua aux comices par curies
toutes les affaires capitales. Le droit de *provocatio* ou
d'appel au peuple de toutes les sentences rendues par les
consuls vint faire de l'assemblée populaire le suprême tribunal criminel, puisque toutes les causes, de quelque
importance qu'elles fussent, pouvaient toujours lui être
déférées. La *provocatio* appartint d'abord aux comices
par curies, puis aux comices centuries qui les remplacèrent
dans presque toutes leurs attributions primitives, plus
rarement aux comices par tribus. De tribunal suprême qui
pouvait anéantir la sentence du consul, s'il ne pouvait la
remplacer par une autre, l'assemblée populaire devint
bientôt la seule juridiction criminelle. La loi des XII Tables enleva aux consuls le droit de prononcer une peine
capitale : ils conservèrent cependant, en vertu de leur
*imperium*, le *jus mulctæ*, droit qu'ils partageaient avec
tous les grands magistrats de Rome, et que la loi *Ater-*

*nia Tarpeia* (301 de Rome) vint restreindre, en fixant le maximum de la peine qu'ils pourraient appliquer (peines corporelles modérées, prison, amendes, dans une certaine mesure. — Fr. 2, *De in jus vocat.;* fr. 2, p. 16, *De orig. jur.*).

La justice criminelle appartient donc exclusivement aux grandes assemblées populaires. Il y aurait des choses fort intéressantes à dire sur la procédure devant les comices, sur l'accusation, les garanties de la défense, les débats; mais cette étude nous entraînerait trop loin. Qu'il nous suffise de dire que les comices étaient convoqués par un magistrat, sur la réquisition du citoyen qui se portait accusateur. Les débats étaient oraux et publics, entourés de la plus grande solennité, de toutes les garanties possibles pour l'accusé. Le peuple acquittait ou condamnait, la sentence était toujours orale.

Quand la cité eut grandi, que les crimes se furent multipliés, que le nombre des citoyens fut devenu fort considérable, la réunion fréquente du peuple dans ses comices devint plus difficile. L'exercice direct du pouvoir judiciaire par le peuple devint plus rare : il le délégua à des commissaires, *quæstores,* simples citoyens ordinairement pris parmi les sénateurs, dont les fonctions expiraient avec l'affaire spéciale pour laquelle ils étaient choisis. Déjà le roi, dans la période précédente, avait largement usé de ce droit de déléguer son pouvoir pour les affaires les moins importantes. Le peuple imita cet exemple, et ces délégations devinrent de plus en plus fréquentes. L'esprit pratique des Romains reconnut bien vite leurs avantages et la supériorité qu'elles présentaient, au point de vue d'une justice impartiale, sur les assemblées populaires trop nombreuses, dans lesquelles l'idée de justice était trop souvent obscurcie par les passions politiques, la brigue, les intrigues. L'usage devint bientôt général de pré-

poser ainsi un citoyen à la connaissance de chaque crime
qui se commettait dans Rome, et la juridiction populaire
ne s'exerça plus directement que dans des cas exception-
nels qui, par leur importance ou leur nature, présentaient
pour le peuple un intérêt particulier. Cette juridiction
perdit peu à peu de son importance et finit par disparaître
presque entièrement en fait, quoiqu'elle ait subsisté longtemps encore en droit. Ce résultat se produisit surtout
à mesure que se développa l'institution des *Quæstiones
perpetuæ.*

Les commissaires délégués à une affaire spéciale et dont
les fonctions expiraient avec elle, furent remplacés, au
moins pour certains crimes plus fréquents ou plus graves,
par des commissions permanentes (*quæstiones perpetuæ*),
ainsi nommées parce qu'il n'était pas nécessaire de faire
une nouvelle délégation pour chaque procès, mais dont le
personnel se renouvelait chaque année. Ces tribunaux
étaient, comme les *quæstores* dont nous avons parlé, délégués par les comices ; ils tenaient d'eux leur pouvoir et
rendaient la justice au nom du peuple et à sa place ; mais
ils n'étaient pas délégués à une affaire spéciale, ils l'étaient
à toute une catégorie d'affaires de même nature.

Ce fut une loi du tribun Calpurnius Piso Frugi, qui
institua la première *quæstio perpetua* (*lex Calpurnia*,
605 de Rome) ; elle fut établie en faveur des alliés et des
provinciaux, et chargée de connaître et réprimer les crimes
de concussion. Les résultats de cette institution durent
être excellents : la répression du crime fut plus rapide et
plus sûre, le tribunal saisi avec plus de facilité par la
victime, les droits de la défense et de l'accusation mieux
garantis ; le magistrat puissant et populaire échappa plus
difficilement à une répression méritée, devant ce tribunal
composé de l'élite des citoyens que devant une assemblée
du peuple, aux passions mobiles, facile à émouvoir, à

gagner, à entraîner. On reconnut si bien ces avantages, que, successivement, d'autres commissions permanentes furent établies pour la répression de divers crimes. Au temps de Cicéron, on en comptait déjà huit :

1° *Quœstio repetundarum*, pour les concussions ;

2• *Quœstio de majestate*, haute trahison envers la République (*In Verr.*, ii, 4-11) ;

3° *Quœstio de peculatu*, péculat ou détournement de deniers publics (*Pr. Mur.*, 20) ;

4° *Quœstio de ambitu*, brigue (*Pr. Cluent.*, 41 ; *Pr. Cœl.*, 31 ; *Pr. Mur.*, 23) ;

5• *Quœstio de sicariis*, assassinat ;

6° *Quœstio de veneficiis*, empoisonnement ;

7° *Quœstio de vi*, violence publique (*Pr. Mil.*, 5) ;

8° *Quœstio de falso*, faux (Cicéron, *De nat. deor.*, iii, 30).

L'existence de quelques autres, telles que les *quœstiones de plagio et de injuriis*, est douteuse.

On le voit, chaque crime grave avait sa *quœstio*. Lorsqu'il n'en existait pas dans un cas particulier, l'affaire allait naturellement aux comices. (Cic., *De fin.*, ii, 16.) Le peuple, en effet, n'avait pas abdiqué son droit de rendre la justice ; c'était toujours lui qui avait la juridiction criminelle : il n'avait fait qu'une simple délégation de ses pouvoirs, et cette délégation, il pouvait la révoquer lorsqu'une affaire, pour quelque motif, lui paraissait devoir être portée devant lui. Il l'évoquait donc à son tribunal ou bien il déléguait un citoyen ou une autre commission pour en connaître, et, à côté d'une *quæstio* déjà existante, en créait une seconde. C'est ainsi que dans l'affaire de Milon, bien qu'il existât déjà une *quæstio de vi,* il en fut constitué une autre par le Sénat et le peuple, *ut extræ ordinem quæreretur* (Cic., *Pr. Mil.*, 5-6).

Chaque commission était instituée par une loi ; chacune avait sa compétence déterminée et restreinte à une nature de crimes, une procédure particulière.

Mais toutes les *quæstiones* avaient une composition semblable, que quelques mots suffiront à faire connaître. Deux éléments concouraient à la formation de ces tribunaux : un magistrat, un certain nombre de juges ou plutôt de jurés.

Le magistrat présidait la *quæstio*, dirigeait les débats ; mais là se bornait son rôle, qui ressemble assez à celui de nos présidents d'assises ; il ne prononçait pas la sentence. Ce magistrat était ordinairement un préteur, quelquefois un délégué du préteur, le *judex quæstionis*. La création de nouvelles *quæstiones* est une des causes de l'augmentation du nombre des préteurs ; il fallait fournir des présidents à toutes les commissions. Chaque année, les préteurs nommés tiraient au sort les *quæstiones* qu'ils devaient présider. Cette opération ne manquait pas d'intérêt pour les accusés : le président, quoique n'ayant que la direction et la haute surveillance du procès, n'en conservait pas moins une grande influence sur son issue, ce qui s'explique par la haute situation de ce magistrat, dont l'autorité imposait aux jurés, et l'histoire nous apprend que les intrigues n'étaient pas inconnues au sein des *quæstiones* (Cic., *In Verr.*, I, 8 et suiv.).

Le second élément de la *quæstio* se composait des *judices jurati* ou jurés : comme le *judex privatus,* c'étaient de simples citoyens, sans aucun caractère officiel ; mais, comme lui, ils devaient être choisis dans certaines classes de personnes, et sur des listes dressées d'avance à cet effet par les soins du préteur. Longtemps le droit d'être appelé aux *quœstiones*, comme celui de figurer comme *judex* dans les procès civils, appartint aux seuls sénateurs : ce droit était pour eux un moyen puissant d'influence ; ils y tenaient beaucoup, et le disputèrent avec acharnement aux autres ordres de l'Etat qui leur furent adjoints dans la suite. Les Gracchus leur enlevèrent la judicature pour l'attribuer exclusivement aux chevaliers (632, de Rome). En 648, les deux ordres furent appelés à concourir ensemble à la justice criminelle.

Sylla rendit la judicature aux sénateurs, et s'il faut en croire Cicéron (1), ces hauts dignitaires de la République n'usèrent pas toujours de ce droit dans l'intérêt de la justice. Après Sylla, l'administration de la justice criminelle se partagea entre trois ordres : les sénateurs, les chevaliers et les tribuns de l'*œrarium* (*lex Aurelia*). Ces fonctions de juré criminel étaient importantes, et l'on comprend les luttes des divers ordres de l'Etat ; elles plaçaient celui qui en était investi en quelque sorte au-dessus des magistrats eux-mêmes, justiciables, à leur sortie de charge, des *quœstiones perpetuœ*.

Chaque année, le préteur présidant la commission dressait la liste des personnes qui pourraient être appelées, le cas échéant, à en faire partie ; il ne pouvait les choisir que dans les ordres auxquels la loi avait attribué ces fonctions, et parmi celles seulement qui avaient plus de trente ans et moins de soixante. Leurs noms étaient inscrits en lettres noires sur la surface blanche de l'*album,* lequel était publiquement exposé, « afin que le peuple pût savoir

(1) *In Verr.*, I, 13.

comment se rendait la justice en son nom, *in plerisque judiciis, credebat populus romanus suâ interesse quid judicaretur ;* depuis Sylla, cette inscription sur un *album* spécial devint inutile, puisque les sénateurs, seuls en possession de ce droit, se trouvaient déjà inscrits sur l'*Ordo.* Cet *ordo* était divisé en décuries, et le préteur désignait, uniquement parmi les sénateurs, pour chaque judicature, une décurie indiquée par le sort (1). Après la loi *Aurélia,* le préteur urbain forma lui-même une liste unique, commune à toutes les *quæstiones,* et comprenant les trois ordres alors en possession de ce privilège. L'étendue de ces listes paraît avoir varié avec les différentes *quæstiones* et aux diverses époques. Le tribunal des concussions (*quæstio repetundarum*) comprenait, à l'origine, 450 noms choisis et inscrits sur l'*album* par le préteur pérégrin, d'après la loi *Servilia.* La loi *Pompeia* fixait ce nombre à 360 pour la *quæstio de vi* (2). Dans d'autres cas, il y en eut 525 et 600. Il n'y avait rien de fixe sur ce point. La question offre, d'ailleurs, peu d'intérêt.

Nous n'avons pas des renseignements plus précis sur le nombre des jurés qui devaient composer le tribunal ; il paraît aussi avoir beaucoup varié : nous trouvons soixante-quinze juges dans le procès de Pison (Cic., *In Pis.,* 40), trente-deux dans celui d'Oppianicus (*Pro Cluent.,* 27). Chaque fois qu'une nouvelle affaire nécessitait la réunion de la *quæstio,* il fallait procéder au choix des jurés qui devaient figurer dans la cause. Ce choix pouvait se faire de deux manières : par *sortitio* ou par *editio.*

1º *Sortitio.* — Le président de la commission, après avoir mis dans l'urne des boules contenant le nom de

(1) Cic., *Pro Cluent.,* 37 ; *In Verr.,* I, 10.
(2) Plut., *Pomp.,* 55 ; Vell. Paterc., II, 16.

chaque juré, en tirait autant qu'il en fallait pour l'affaire ; chaque partie exerçait publiquement ses récusations, et l'on procédait à un second tirage, nommé *subsortitio,* pour remplacer les jurés récusés ;

2° *Editio.* — L'accusateur et l'accusé désignaient chacun cent jurés ; chaque partie en récusait cinquante sur la liste de son adversaire (*lex Servilia*).

Les jurés, ainsi désignés, prêtaient serment de remplir de leur mieux leurs fonctions judiciaires, et l'instance s'engageait.

# CHAPITRE IV

### DE L'ADMINISTRATION DE LA JUSTICE DANS LES PROVINCES. — LE GOUVERNEUR Y REMPLIT LE ROLE DU PRÉTEUR A ROME.

Nous n'en dirons que peu de chose. Le plus haut fonctionnaire de la province était le gouverneur : il avait la plénitude de la souveraineté, l'*imperium,* qu'il tenait du peuple romain ; aussi ses fonctions étaient-elles nombreuses ; parmi les plus importantes, on doit compter la *jurisdictio,* la puissance judiciaire. Il avait à la fois la plus haute juridiction civile et criminelle (fr. 7, § 2, 1, 16, *De off. procons.*).

Comme juge criminel, il avait droit de vie et de mort sur les provinciaux de son ressort. Quant aux citoyens romains qui habitaient la province, ils devaient être jugés à

Rome. La juridiction civile avait aussi une grande importance (2<sup>e</sup> Verr.); le gouverneur devait en faire l'objet de ses méditations constantes. C'est le conseil que donne Cicéron (*ad Quint. fratr.*, I, 1, 7). Mais tous les gouverneurs n'étaient pas, comme le grand orateur romain, pénétrés de leurs devoirs ; la plupart ne voyaient dans un gouvernement qu'une occasion de faire une rapide fortune ; trop souvent, les provinces étaient traitées en pays conquis, et leurs habitants obtenaient difficilement justice. Les publicains les dépouillaient et obtenaient facilement l'impunité d'un gouverneur acheté ou complice. Rome était bien loin, et les plaintes des provinciaux n'y arrivaient que bien rarement. Si le gouverneur avait prévariqué, il pouvait, à son retour à Rome, être poursuivi et condamné. Mais le cas était rare ; il fallait qu'un homme ayant un grand crédit prît en main les intérêts des provinciaux (Verrès).

Les provinces étaient généralement fort étendues, les moyens de communication peu rapides, malgré les belles voies militaires qui sillonnaient l'empire ; il eût été difficile à la plupart des provinciaux d'arriver jusqu'au siège du gouvernement pour porter leurs plaintes et soumettre leurs contestations au tribunal du gouverneur. Aussi, à diverses époques de l'année, le gouverneur parcourait les diverses parties de la province, s'arrêtait dans les principales villes de son ressort et y rendait la justice. Ces sessions périodiques s'appelaient *conventus* (Cic., *In Verr.*, v, 11 ; Cic., *Ad div.*, II, 13 ; *In Verr.*, II, 29 ; Suét., *Cæs.*, 7). De toute la contrée environnante, on accourait : le gouverneur connaissait, comme le préteur à Rome, de tous les procès qui lui étaient soumis ; il délivrait la formule et renvoyait la solution du litige à des jurés qui prenaient le nom de *recuperatores*. Nous avons vu comment ils étaient choisis. Il devait se conformer à tous les usages judiciaires, à la procédure de Rome (Sén., *De benef.*, iii, 7 ; Gell., xiv, 2), mais il appliquait surtout les lois provinciales. Il paraît que la formule devait être rédigée en langue latine. Beaucoup plus tard, sous l'Empire, après la suppression du système formulaire, le gouverneur fit élection d'une ville pour y tenir un tribunal permanent (Théoph., *Pr.*, iii, 12).

Le gouverneur pouvait déléguer une partie de ses attributions à des lieutenants, *legati,* citoyens sans aucun caractère officiel. Ce pouvoir de délégation est un des traits caractéristiques de la puissance judiciaire chez les Romains ; il n'était pas exercé en vertu d'une loi, mais en vertu de la coutume (fr. 1, pr. et § 1, *De off. ejus*). La multiplicité des affaires dont était chargé le gouverneur rendit cet usage général dans les provinces ; il devint presque le droit commun.

# CHAPITRE V

DU POUVOIR JUDICIAIRE SOUS LES EMPEREURS DEPUIS L'ÉTABLISSEMENT DE L'EMPIRE JUSQU'AUX RÉFORMES JUDICIAIRES DE DIOCLÉTIEN.

Rien ne fut changé en apparence à l'organisation politique de Rome ; aucune de ses anciennes institutions ne disparut ; ses magistratures furent conservées : le prince se contenta d'en réunir plusieurs sur sa tête. Le préteur continua à siéger sur son tribunal et à organiser le *judicium,* et les *quæstiones perpetuæ* restèrent les tribunaux ordinaires en matière criminelle. Le prince n'en devint pas moins de bonne heure le maître de la justice comme du gouvernement.

Ce fut une grande habileté de la part d'Octave de conserver les institutions républicaines. La souveraineté fut laissée à l'assemblée du peuple, aux comices, et l'empereur ne fut considéré que comme tenant son pouvoir d'une délégation de la nation. Mais il n'y avait pas grand danger à laisser au peuple cette souveraineté et la nomination de ses magistrats : il n'usait plus guère de ses droits ; dès la fin de la République, il avait déserté les comices. Sous l'Empire, quelques citoyens nommèrent encore les magistrats, mais sur la désignation du prince ; on ne manqua jamais de choisir le candidat agréable à l'empereur. Tibère attribua ce choix au Sénat, en désignant les candidats parmi lesquels il devait le faire. Plus tard, le prince nomma lui-même à toutes les magistratures, sous le prétexte de choisir l'homme qui convenait le mieux à la fonction et d'éviter la mauvaise administration des gens incapables.

Le préteur conserva ses anciennes attributions judiciaires, mais il perdit toute influence politique. L'importance de ce magistrat diminua surtout après la promulgation de l'édit perpétuel en 131 (Duruy, *Hist. des Romains*, t. IV, p. 380, et note de cette page). Ses fonctions furent mieux définies, plus étroitement déterminées. On partagea la préture entre des magistrats plus nombreux, pour affaiblir leur autorité. Nommés par le prince lui-même ou avec son agrément, sans indépendance, et placés sous sa main, ils n'excitèrent pas les défiances du pouvoir.

L'*ordo judiciorum* fut conservé ; mais le magistrat s'en écarta souvent. L'arbitraire pénétrait partout, dans la justice aussi bien que dans l'administration. Le magistrat retenait et jugeait lui-même toutes les affaires qui exigeaient une prompte solution, toutes les demandes qui n'étaient pas fondées sur une disposition du Droit civil et de l'édit, mais qui s'appuyaient sur une décision nouvelle introduite par une constitution impériale. On sait que les Rescrits et les Edits des empereurs modifièrent de plus en plus le Droit ancien ; aussi ces causes dans lesquelles le magistrat devait connaître lui-même en dehors de l'*ordo* (*cognitiones extraordinariæ*) devinrent de plus en plus fréquentes. Les justiciables ne songèrent pas à se plaindre de cet empiètement sur leurs droits, qui leur enlevait une garantie sérieuse, le choix des juges. Depuis longtemps, les bons *judices privati*, choisis parmi les simples citoyens, étaient devenus rares ; ceux qui étaient encore désignés remplissaient leurs fonctions d'une manière tout à fait insuffisante. Le *Judex* n'était plus ce citoyen, représentant le peuple romain et librement choisi par les parties, dont les décisions étaient entourées du plus grand respect ; ce n'était plus qu'un fonctionnaire subalterne si méprisé, qu'il fut défendu aux personnes en dignité de comparaître devant lui. Aussi dut-on voir sans défaveur restreindre ses pouvoirs et son domaine, et se multiplier les *cognitiones extraordinariæ*. Cette dernière procédure devint si fréquente, qu'elle constitua la règle générale, et quand Dioclétien décida que le magistrat jugerait toujours lui-même, la révolution était déjà accomplie dans les faits.

La justice criminelle subit des modifications aussi graves. Octave avait conservé les *quæstiones perpetuæ*, avec leur ancienne organisation, et avait paru les entourer d'un grand respect ; mais, à côté d'elles, il créa une foule de magistratures, éleva des institutions rivales, qui, par leurs empiètements, finirent par les étouffer.

Les premiers empereurs élevèrent beaucoup la puissance du Sénat, pour abaisser d'autant celle du peuple ;

ils en firent le premier pouvoir politique et judiciaire de
l'Etat : en réalité, il ne fut qu'un instrument docile et
sans indépendance au service du prince. On connaît la
servilité de cette haute assemblée dans ces siècles de
décadence. Auguste lui donna une certaine juridiction
criminelle au détriment des *quæstiones*, et cette juridiction se développa rapidement : restreinte d'abord aux
crimes commis par les sénateurs et les magistrats, elle
devint générale, sous Tibère et ses successeurs, pour les
crimes de concussion et de lèse-majesté. Souvent l'empereur, qui paraissait l'entourer de respect, en le menant à
son gré, lui déférait certaines causes directement portées
à son tribunal, afin de rejeter sur lui la responsabilité et
l'odieux d'une mauvaise sentence. Puis cet instrument, si
facile à manier, parut encore au prince une gêne, dont il
fallait se débarrasser ; et, quand l'autorité impériale fut
devenue plus absolue, quand elle n'eut plus rien à ménager, la puissance du Sénat s'affaiblit ; il ne lui resta plus
qu'une juridiction privilégiée sur ses membres , leurs
femmes et leurs enfants ; l'empereur ne prit plus la peine
de le consulter et de lui soumettre les causes criminelles.
A la fin du IIIe siècle, il ne lui restait rien de son ancienne
puissance, et Ulpien n'en parle que comme d'une antiquité
(fr. 13, 2). D'autres institutions, bien modestes au début,
avaient grandi, pendant que lui-même déclinait.

De bonne heure, des constitutions impériales attribuè-
rent une certaine compétence criminelle au *Præfectus
vigilum* (1), au *Præfectus annonæ*, au préfet du prétoire, au préfet de la ville (2) surtout. Tous ces magistrats
ou plutôt ces fonctionnaires n'étaient que des délégués du
prince, nommés par lui, et chargés de le remplacer ; mais

(1) Fr. 15, *De cond. caus. dat.*
(2) Fr. 8, *De extraord. crim.* ; fr. 3, *De expil. hered.* ; fr. 135, § 4, *De verb.*
*oblig.*

l'empereur seul avait la souveraine puissance et le
suprême pouvoir judiciaire. Il ne se contentait pas de
l'exercer par des délégués ; il prenait lui-même une part
active à l'administration de la justice.

Comme consul, il figurait dans les procès jugés par le
Sénat, où son autorité faisait souvent prévaloir son opinion ; comme proconsul, il avait la suprême juridiction
criminelle, dès qu'il jugeait l'État en danger (1); comme
tribun, il pouvait, par son veto, arrêter toutes les procédures. Cette *intercessio* se développa, elle devint un droit
de réformer la sentence, de faire grâce, de diminuer ou
d'augmenter la peine (2). Elle se transforma en un véritable appel, qui fit de l'empereur le maître de la justice ;
de toutes les parties de l'Empire, même du fond des provinces, on put porter les affaires devant lui (3). Du reste,
outrepassant ces pouvoirs déjà bien larges, il n'attendait
pas toujours que les causes lui fussent soumises ; et, dès
les premiers temps, on voit le prince juger en personne
et sans consulter le Sénat tous ceux qui ont eu le malheur
de lui déplaire (4). L'empereur renvoyait cependant la
plupart des affaires au Sénat, au préfet du Prétoire, ou à
un autre juge, pour en connaître extraordinairement ; il
ne connaissait lui-même que des affaires les plus importantes et qui l'intéressaient directement ; et, dans ce cas,
il jugeait seul, ou avec l'assistance de son *concilium*.

Pour affaiblir l'autorité du sénat, et diminuer sa propre
responsabilité, Octave s'était entouré d'un conseil de
jurisconsultes. Ses successeurs avaient jugé seuls, ou
avaient demandé dans quelques cas particuliers, l'avis de
juristes éminents. Adrien organisa un conseil permanent,

---

(1) Dion. Cass., LIII, 32.
(2) Sén., *De Clem.*, I, 9 ; Tac., *Ann.*, III, 70, XIII, 43.
(3) Fr. 6, §§ 8 et 9, *De inj.*; fr. 1, *Pr.*, *quand. app.*
(4) Suét , *Oct.*, 28, 66 ; *Tib.*, 60, 52 ; *Calig.*, 27 ; *Claud.*, 29. 38; *Néron*, 35, 37.

sorte de Conseil d'État, qui prit une grande importance, et rendit de réels services à la justice sous les bons empereurs, qui le consultaient toujours ; les membres étaient nommés par le prince, sur la présentation du Sénat (1), et choisis parmi les sénateurs, les chevaliers, les jurisconsultes (2). Ce conseil se substitua peu à peu au Sénat qu'il finit par remplacer. Il ne pouvait être une garantie de bonne justice, puisqu'il était sous la dépendance de l'empereur, qui d'ailleurs pouvait se passer de lui.

On comprend qu'en concurrence avec ces juridictions nouvelles, le rôle des *questiones* dut être bien amoindri ; les cas qui leur étaient soumis étaient devenus de plus en plus rares. Septime-Sévère compléta leur ruine, en attribuant au préfet de la ville la répression de tous les délits commis dans Rome et un rayon de cent milles autour de la ville (3). (Rescrit au préfet urbain, Fabius Cila, 205.)

Dès lors, la puissance judiciaire est tout entière entre les mains de l'empereur, qui possède le pouvoir le plus absolu, le plus illimité : il l'exerce sans obstacle, sans contrôle. Les magistrats se multiplient, mais la magistrature n'en est pas fortifiée ; une hiérarchie savante et compliquée, uniforme pour toute la surface de l'Empire, est organisée ; mais c'est l'empereur qui en est le chef suprême et qui en tient tous les fils. Il n'y a plus de magistrats indépendants ; ils tiennent tous leur pouvoir de la faveur du prince, qui peut les briser ; il n'y a donc plus de garanties pour le justiciable. Tous les magistrats ne sont

(1) Spart., *Hadr.*, 18.

(2) Capitol., *Anton. Pius.*, 12, *Ant. Philos.*, 11, 22; Herod., vi, 1 ; D. Cass., lxxvi, 17.

(3) Walter, *Procéd. crim.*, n° 837 ; D. Cass., lii, 21. Fr. 1, pr., §§ 3, 4, 13, 14, *De off. præf. urb.*

plus que des agents du pouvoir, des délégués de l'empereur, qui rendent la justice à sa place et en son nom. On
peut dire qu'il n'y a plus de véritable pouvoir judiciaire.

## CHAPITRE VI

DE L'ORGANISATION DE LA JUSTICE DANS L'EMPIRE ROMAIN
DEPUIS DIOCLÉTIEN JUSQU'A LA CHUTE DE L'EMPIRE D'OC-
CIDENT ET AU RÈGNE DE JUSTINIEN.

Nous devons, sans entrer dans de longs détails, donner
un aperçu de l'organisation judiciaire dans les derniers
siècles de l'Empire. Dioclétien fut, on le sait, un grand
réformateur ; il a laissé des actes législatifs importants et
introduit des innovations considérables dans la constitution judiciaire de l'Empire. Nous avons déjà vu que ces
réformes consistaient principalement dans la suppression
de l'*ordo judiciorum*, de la vieille distinction du *jus* et du
*judicium,* qui avait traversé huit siècles et s'était pliée à
deux systèmes très différents de procédure : celui des
actions de la loi et celui des formules. Nous avons vu aussi
que cette réforme était depuis longtemps préparée dans la
pratique par le développement de plus en plus grand des
*cognitiones extraordinariæ*. Ce fut une constitution de
Dioclétien et Maximien, promulguée en 294 pour l'empire
d'Orient et en 305 pour l'empire d'Occident, qui la réa-
lisa (C. 2, *De ped. jud.*). A partir de cette époque, le
système formulaire disparut définitivement et la *cognitio
extraordinaria* devint la procédure ordinaire.

Cette constitution présente plusieurs dispositions importantes ; comme elle a accompli une révolution dans l'organisation judiciaire de l'Empire, il ne sera pas déplacé ici de l'analyser avec soin. Une première disposition supprime le renvoi de l'affaire par le magistrat au *judex privatus ;* elle décide que désormais, dans tous les cas où auparavant les présidents de provinces nommaient un *judex,* ils devront retenir l'affaire et la juger eux-mêmes. Bien qu'ayant à cette époque beaucoup perdu de son importance, la distinction du *jus* et du *judicium* n'avait pas encore complètement disparu ; le magistrat n'était pas libre de la méconnaître ; il ne pouvait pas à son choix, comme on l'a soutenu, ou retenir l'affaire ou la renvoyer devant le citoyen *judex ;* il y avait des cas nombreux encore où il ne pouvait juger lui même (*Contrà :* ff. 8 et 9, *De off. prœs.*). La constitution ne parle que des présidents de provinces, ce qui laisserait croire que la réforme ne s'étendit pas alors à l'Italie ; on pense généralement (Accarias, II, p. 924) qu'une constitution perdue, applicable à l'Italie, reproduisait les mêmes dispositions.

La connaissance et la solution de toutes les affaires litigieuses étant ainsi données aux présidents de provinces, ces magistrats, chargés en outre de toutes les affaires administratives, n'auraient pu suffire seuls à l'administration de la justice dans un gouvernement souvent fort étendu. La constitution y pourvoit, en permettant au magistrat que des occupations trop nombreuses empêchent de juger lui-même, de renvoyer les parties devant un *judex pedaneus :* nous verrons plus tard ce qu'était ce juge ; mais, qu'on le remarque bien, ce qui est hors de doute, c'est que ce *judex pedaneus* ne ressemble pas au *judex privatus* de la période précédente : le procès ne se divise plus en deux phases ; le juge n'est plus enchaîné par les termes de la formule ; il n'y a aucune différence entre sa manière d'agir et celle du magistrat ; il n'est que le délégué du magistrat. Mais, d'après la Constitution, cette délégation ne sera pas toujours possible : dans certains cas, le magistrat sera tenu de juger lui-même ; ces cas sont ceux qui appartenaient autrefois aux *cognit. extraordinariæ*.

Nous avons dit que cette réforme, qui paraît d'abord considérable, était préparée par des *cognitiones extraordinariæ* de plus en plus fréquentes : dans certaines affaires, le magistrat devait statuer lui-même ; dans d'autres, il avait le choix ou de juger ou de renvoyer les parties devant le *judex*. Cette option, il l'avait toujours quand le demandeur, avant d'agir, avait consulté l'empereur et avait obtenu un rescrit l'autorisant à s'adresser au magistrat (ffr. 8 et 9, *De off. præs.*, I, 18). L'application de cette réforme était donc rendue facile ; le motif qui détermina Dioclétien à l'accomplir fut, sans doute, la difficulté toujours croissante, à cette époque de corruption, d'oubli des traditions, de décadence des études juridiques, d'abaissement général, de trouver des citoyens instruits et honnêtes, capables de remplir les fonctions de *judex*. Enfin, une autre idée peut-être guidait l'empereur lorsqu'il supprimait la vieille institution du *judex* : le désir de faire disparaître ce dernier vestige de la liberté et de la République et de fortifier encore le pouvoir absolu et l'arbitraire du gouvernement.

Juge et Magistrat sont deux termes désormais synonymes : leurs rôles, autrefois distincts, sont confondus ; aussi les textes emploient souvent le mot *judex* pour *prætor* ou *præses* (fr. 41, *De minor.*, IV, 4). Les magistrats étaient nombreux et la hiérarchie savamment organisée.

Au sommet de cette hiérarchie judiciaire, se trouve toujours l'empereur, investi de la puissance souveraine. A partir de la réforme de Dioclétien, les appels à l'empereur se multiplient : aidé de son conseil ordinaire, dont nous connaissons la composition, le chef de l'Empire ne put plus bientôt connaître de tous. Pour décharger l'empereur et son Conseil, Constantin institua des délégations permanentes (*sacræ cognitiones*), spécialement chargées de prononcer sur les appels au prince. Ces délégations furent établies à Constantinople et dans les diverses parties de l'Empire. — Théodose II établit, dans le même but, une commission spéciale permanente, composée principalement du préfet du prétoire de Constantinople et du *quæstor sacri palatii*. Cette commission était chargée de connaître spécialement des appels dirigés contre les sentences des *judices spectabiles*. L'empereur se réservait la connaissance en appel des jugements rendus par les *judices illustres,* autres que les préfets du prétoire, qui, jugeant *vice sacrà,* rendaient des décisions aussi inattaquables que celles de l'empereur lui-même.

Outre l'*appellatio,* l'appel proprement dit, l'empereur était appelé à exercer sa juridiction dans plusieurs cas : 1° Le magistrat qui se trouvait embarrassé dans un litige, pouvait demander conseil au prince : c'est ce qu'on appelait la *relatio.* Le magistrat ordinaire instruisait l'affaire et en communiquait le résultat à l'empereur (Const. 7, I, XXIII) ; le *quæstor palatii* examinait le procès et rédigeait un *rescrit* que le prince sanctionnait. Le système des *relationes* fut aboli par Justinien (Nov. 124) ; 2° Dans certains cas graves, tels que la crainte d'un adversaire puissant ou d'un déni de justice, le plaideur adressait une *supplicatio* à l'empereur, qui l'autorisait à porter l'affaire directement devant son tribunal, ou la renvoyait devant un autre juge ; 3° Certaines personnes privilégiées n'étaient justiciables que de l'empereur, surtout en matière criminelle. (C. 16, *De dignit.*)

Les anciens magistrats de la République voient leur

juridiction, déjà bien restreinte, décliner encore et disparaître peu à peu. Les consuls conservèrent un certain
pouvoir judiciaire jusqu'au IVᵉ siècle. Quant aux préteurs,
ils eurent bien plus longtemps une sorte de juridiction,
mais combien réduite ! (C. 17, *De appel.* ; C. 18, *De
præd. min.* ; C. Th., C. 16, *De off. præt.*) Il serait
intéressant de rechercher quelles furent les destinées de
la préture, une des plus hautes magistratures de la République, la plus importante au point de vue judiciaire, dans
les derniers siècles de l'Empire. Le préteur avait commencé
par perdre tout ce qu'avaient gagné le préfet de la ville
et le préfet du prétoire, et l'on sait combien les empereurs favorisèrent le développement de la compétence de
ces magistrats impériaux aux dépens de celle des magistrats de la République.

Cependant, quelque réduite que fût sa juridiction, le
préteur conserva plus longtemps qu'aucun autre des
anciens magistrats le prestige, la considération, l'autorité, qui s'attachaient jadis à ses fonctions. Vers le
Vᵉ siècle, sa compétence est tellement bornée, que cette
magistrature a perdu toute son importance, et par suite
tout son éclat (C. Th., C. 16, vi, 4) ; la préture n'est
plus guère qu'un vain nom et un pesant fardeau pour
l'ordre des sénateurs (Boet., *Consol. ex philos.*, iii, 4). A
la fin de l'Empire, les attributions du préteur sont complètement réduites : il préside encore aux émancipations,
accorde les *restitutiones in integrum,* autorise les
mineurs à aliéner leurs biens dans des cas spéciaux (C. 1,
*De off. præt.*) ; en somme, aucune ou presque aucune
compétence en matière contentieuse. Quant à sa juridiction criminelle, elle avait été attribuée au préfet de la
Ville (fr. 1, § 2, *De off. præt.* ; fr. 1, § *ult.* ; fr. 2, *De
susp. tut.*). Le nombre des préteurs fut moins considérable
à Constantinople qu'il ne l'avait été à Rome sous les em-

pereurs : deux sous Constantin (Lydus, *De mag.*, II, 30),
trois et cinq sous Constance, quatre sous Valère ; huit
sous Théodose (C. Th., IV, 4, 5, 13, 20, 25), plus
tard, ce nombre fut encore réduit à trois (C. 2, I, 39 ;
Lydus, *loc. cit.*). — La préture fut, de toutes les anciennes magistratures, celle qui se maintint le plus longtemps ;
à Rome, elle exista sans doute jusqu'à la fin de l'empire
d'Occident ; à Constantinople, on trouve encore des préteurs sous Justinien ; quoiqu'on l'ait niée, leur existence
ne peut faire de doute en présence des nombreux textes
législatifs de cette époque qui en font mention (Voir
notamment la Novelle 13). Mais si le préteur existe encore au VIe siècle, il existe dépouillé de toutes ses attributions, sans prestige et sans autorité ; il n'est plus nommé
que pour donner des jeux.

Tandis que la puissance du préteur déclinait, nous
avons vu se développer celle de plusieurs magistrats créés
par les premiers empereurs. Ils tendent à le remplacer
complètement, en particulier le préfet de la ville, qui a
hérité de la plupart de ses attributions.

Sous Constantin, le *præfectus urbi* est le magistrat
principal à Rome et à Constantinople ; il a la connaissance des délits commis dans la ville et ses environs, que
Septime Sévère lui a attribuée (C. 1, *De off. præf. vig.* ;
Amm. Marc., XXVI, 3). Il est juge ordinaire de toutes les
contestations civiles, et juge d'appel, en remplacement de
l'empereur, des causes jugées au premier dégré par les
magistrats inférieurs de Rome et de la région voisine.

Le lieutenant (*vicarius*) du préfet de la ville le remplace
en cas d'empêchement (Amm. Marc., XXVIII, 1, 22, 32,
43, 47), et souvent aussi le *præfectus annonæ* (Amm.
Marc, XXVIII, 1, 9, 31, 32). Ce dernier magistrat a la connaissance spéciale des délits relatifs aux vivres et aux
approvisionnements ; il a la juridiction sur les corporations

qui dépendent de ce service (fr. 13, *De accus.*; C. Th.,
C. 38, *De navic.*; C. 9, *De suar.*).

Le *præfectus vigilum* juge les délits de peu d'importance (C. 1, *De off. præf. vig.*); plus tard, il fut remplacé
à Constantinople par un magistrat nommé préteur plébéien
(Nov. de Léon, 47, C. 1, § 11).

Tous ces magistrats n'étaient que des magistrats locaux,
dont la compétence était renfermée dans les limites des
deux capitales, Rome et Constantinople, et dans un rayon
étroit autour de ces deux villes (fr. 3, *De off. præf. urb.*).

Pour les provinces, c'est-à-dire pour la partie de beaucoup la plus étendue de l'Empire, il y avait d'autres fonctionnaires chargés de l'administration de la justice. Constantin avait partagé l'Empire en quatre préfectures : Orient,
Illyrie, Italie, Gaules; chaque préfecture était divisée en
circonscriptions appelées diocèses, et chaque diocèse en
provinces. Pour administrer ces divisions et subdivisions
de l'Empire, il créa toute une hiérarchie de fonctionnaires;
à la tête de chaque préfecture, il plaça un préfet du prétoire; à la tête du diocèse, un *vicarius*, et dans les provinces un gouverneur, qu'on appelle *rector provinciæ*,
et plus spécialement, d'après son rang et l'importance de
sa province, proconsul, *consularis, corrector, præses*.

Les préfets du prétoire sont les plus hauts fonctionnaires de l'Empire (D., l. i, t. xii); ils viennent immédiatement au-dessous de l'empereur et possèdent, dans les
limites de leur préfecture, la juridiction souveraine, qui
appartient à l'empereur dans toute l'étendue de l'Empire.
On dit qu'ils jugent *vice sacrá*, c'est-à-dire comme représentants du prince; à ce titre, leurs décisions sont souveraines et n'admettent pas d'appel (C. Th., *De app.*, xi, 30;
D., fr. 19, *De appel.*). Régulièrement, ils ne sont
pas juges en premier ressort; ils ne connaissent que des
appels dirigés contre les sentences des *judices ordinarii*;

cependant, pour des raisons particulières, ils peuvent
évoquer certaines affaires à leur tribunal et statuer en
premier ressort (C. Th., C. 2, *De off. jud. omn.*, I, 22 ;
Amm. Marc., XXVII, 7) ; en sorte qu'en réalité leur juridiction s'étend à toutes les causes.

Au-dessous du préfet du prétoire, à la tête du diocèse,
se trouve un *vicarius*, qui tient ses pouvoirs de l'empereur
et a rang de *spectabilis*. Ces décisions peuvent être déférées au tribunal de l'empereur.

Les gouverneurs des provinces avaient une place inférieure dans cette hiérarchie, mais plus importante peut-être
en ce qui concernait l'administration de la justice. Ils étaient
les juges ordinaires dans la province et possédaient la
juridiction civile et criminelle ; leur compétence s'étendait
à tous les procès, mais leurs sentences pouvaient toujours
être frappées d'appel et déférées au tribunal du préfet du
prétoire ou de l'empereur qui, seul, formait une juridiction supérieure. Le gouverneur était lui-même juge d'appel
dans certaines affaires ; il connaissait des sentences
rendues en première instance par les magistrats municipaux, les *defensores civitatis*, juges d'un ordre inférieur,
chargés des affaires de moindre importance, et dont nous
allons maintenant nous occuper.

Dans les municipes et les colonies, une certaine juridiction appartient encore à cette époque aux magistrats
locaux. Ce sont des magistrats élus sur les lieux mêmes
par leurs concitoyens ; ils portent presque toujours le nom
de *duumviri* ou *quatuorviri juri dicundo ;* ils ont une
juridiction propre et indépendante (*Lex Salp. et malag.*,
*passim*), mais leur compétence ne s'étend qu'aux affaires
peu importantes (fr. 26, pr. *Ad munic. ;* C. Th., C. 8, *De
jurisd.*). Ces juges municipaux ne sont pas une création
du Bas-Empire. Cette institution ne s'accorde même guère
avec les idées de centralisation administrative qui préva-

laient alors. L'Empire avait trouvé ces juges établis dans un grand nombre de villes; n'osant les supprimer, il s'était contenté de réduire leurs attributions, leur avait enlevé la juridiction criminelle, et avait borné leur juridiction civile aux actes de *jurisdiclio* proprement dite, à l'exclusion de ceux se rattachant à l'*imperium* (fr. 26, pr. *Ad munic.*).

Le *defensor civitatis* est bien un magistrat spécial au Bas-Empire. A l'origine, il est particulièrement chargé de protéger les faibles contre les puissants et de défendre les intérêts locaux contre les représentants du pouvoir central. Dans le dernier état du droit, il est élu par la cité elle-même ou par ses principaux membres : c'était ordinairement l'évêque qui était choisi pour remplir ce rôle de protecteur des faibles; son caractère spirituel lui donnait une grande autorité pour résister aux exigences du pouvoir. Sa nomination devait toujours être confirmée par le préfet du prétoire (C. 8, *De def. civit.*; Nov. 15, c. I). Valentinien et Valens décidèrent que le *defensor* serait nommé par le préfet du prétoire (C. Th., C. 1, *De def. civ.*, 1, 29); il devait être pris hors de la curie et était nommé pour cinq ans (C. Th., C 1, *De def. civ.*; C. Just., C. 4, *De defens. civit.*). Sous Justinien, il put être choisi parmi les décurions; ses fonctions duraient deux ans (Nov. 15, c. I). La compétence judiciaire du *defensor civitatis* est d'une époque assez récente; il en est fait mention pour la première fois dans un rescrit de l'année 365 : il est inutile de dire qu'elle est restreinte aux affaires d'un intérêt très secondaire (C. Th., C. 2, *De def. civit.*); elle ne va, en effet, que jusqu'à la somme de 50 *solidi* (C. Just., C. 1, *De def. civit.*). Justinien la fixa plus tard au maximum de 300 sous d'or (Nov. 15, c. III, § 2).

Les *judices pedanei*, dont il a été déjà fait mention,

ne jugeaient, eux aussi, que des causes médiocres (*humi-liora negotia*). Justinien fixa leur juridiction, en leur donnant compétence pour toutes les affaires qui n'excé-daient pas 300 *solidi* (C. 5, *De ped. jud.* III, 3; Nov. 82, c. v). Qu'étaient ces *judices pedanei* à l'origine? Beaucoup d'hypothèses ont été émises sur cette question : comme elles ne présentent que peu d'intérêt, nous nous contenterons d'exposer celle qui nous paraît la plus vrai-semblable et qui est le plus généralement adoptée. L'ex-pression *judex pedaneus* n'est pas nouvelle; elle se rencontre déjà au Digeste, dans quelques textes de l'épo-que classique (fr. 3, § 1, *Ne quis cum*, II, 7; fr. 1, § 6, *De postul;* fr. 4, *De tut. et curat.*), avec un sens un peu indé-terminé, mais probablement différent de celui dans lequel ce mot est employé plus tard. La même expression se retrouve dans les Constitutions impériales : lorsque Dioclétien eut réalisé la réforme, qui supprima la distinc-tion du *jus* et du *judicium*, il prévit que les magistrats allaient être surchargés et incapables de trancher tous les litiges qui seraient portés devant eux ; il leur permit en conséquence, nous l'avons vu, de faire juger certaines causes par des délégués spéciaux ; ces délégués, lui-même les appelle *judices pedanei* (C. 2, *De jud. ped.*). D'autres textes de cette époque ou d'une époque postérieure les désignent sous le nom de *pedanei arbitri*, ou simplement d'*arbitri* (C. 6, pr. *De adv. div. jud.*, II, 8; C. Th., C. 63, *De appel.*).

Les *judices pedanei* ne sont donc que les délégués du magistrat; le *Bréviaire d'Alaric* les définit ainsi: *qui ex delegatione causas audiunt* (Sur les Sentences de Paul, v, 28). Ces délégués étaient-ils de simples particuliers, comme les anciens *judices* de la procédure formulaire, ou avaient-ils un caractère officiel ? Il est probable que le *judex pedaneus* ne fut pendant longtemps qu'un simple citoyen choisi par le magistrat et chargé par lui de con- naître d'une affaire spécialement déterminée : pas plus que l'ancien *judex privatus*, il n'était magistrat ; il n'avait aucun caractère officiel : le Code Théodosien oppose les *judices pedanei* aux *judices inferiores* et aux magistrats proprement dits (C. Th., C. 63, *De appel. ;* C. 3, *De rep. app.* xi, 31). Les magistrats durent user souvent du droit qui leur était laissé par la constitution de Dioclétien, de renvoyer les affaires qu'ils ne pouvaient vider à de simples citoyens. L'empereur lui-même profita de cette faculté et se déchargea souvent des causes de moindre importance sur des personnes de confiance. L'adminis- tration de la justice dut en souffrir : rarement, à cette époque, le choix du magistrat dut tomber sur des hom- mes intègres et instruits ; ils étaient devenus bien rares parmi les citoyens, et d'autre part la réforme de Dioclé- tien avait rendu plus difficile le rôle du juge, qui n'était plus guidé par les termes de la formule. Pour bien rendre la justice, il fallait bien connaître le Droit, et les études juridiques étaient alors de plus en plus négligées. Aussi Zénon et Justinien firent de ces délégués de véritables fonctionnaires : Zénon décida que chaque prétoire aurait quelques *judices pedanei* désignés d'avance et parmi les- quels le magistrat choisirait ses délégués. Il établit à Cons- tantinople et dans beaucoup d'autres villes des collèges permanents de juges : *Judices, arbitri pedanei* (Nov. 82, C. 6, pr., *De adv. div. jud. ;* C. 27, *De procur. ;* Lydus, *De mag.*, iii, 65). Ces juges étaient nommés, au moins ceux de Constantinople, par l'empereur lui-même (Nov. 82, *Prœf.* et C. 1).

Les divers magistrats inférieurs dont nous avons parlé se partageaient les affaires peu importantes. Il n'y avait sans doute des *judices pedanei* que dans les chefs-lieux de préfectures, de diocèses et de provinces. Le *defensor*

*civitatis* ne se rencontrait que dans les cités peu considérables par leur population (*Nov. Maj.*, T. III). Là où il
n'en existait pas, la compétence appartenait aux magistrats
municipaux.

Nous aurons à peu près tout dit sur l'organisation judiciaire du Bas-Empire, quand nous aurons ajouté qu'à côté
des tribunaux ordinaires, se trouvaient de nombreuses
juridictions exceptionnelles ; dans les provinces, les causes
fiscales étaient portées devant le *rationalis* de la province,
intendant chargé de la perception et de l'administration
des revenus, ou devant le *comes sacrarum largitionum*,
ou le *comes rei privatæ*.

Les causes criminelles ou civiles des soldats, étaient
portées devant les *magistri militum,* les *comites* ou les
*duces.*

C'est de cette époque que date la juridiction de l'Eglise.
La juridiction des évêques fut longtemps purement volontaire : Saint Paul recommande aux chrétiens de faire
juger leurs procès par des arbitres privés ; l'usage de
s'adresser aux évêques et aux prêtres devint général parmi
les fidèles. Saint Augustin et saint Ambroise occupaient
souvent leurs journées à rendre la justice. Dans les derniers siècles de l'Empire romain, à partir de Constantin,
les prêtres chrétiens eurent légalement une certaine compétence judiciaire. Nous avons vu l'évêque choisi ordinairement comme *défensor civitatis*. Dès les premiers
temps, on avait abandonné aux autorités ecclésiastiques
la connaissance des infractions commises par les gens
d'Eglise relativement à leurs fonctions sacerdotales ou à
leurs devoirs canoniques (C. Th., C. 23, *De episc.* XVI, 2 ;
C. Just. C. 23, *De episc. audient.* ; Nov. 83, C. I).
Cette juridiction fut plus tard étendue par Héraclius,
dans l'empire d'Orient, aux délits ordinaires des évêques
et de tous autres gens d'Eglise (C. Th., C. 12, 41,47, *De*

*episc.*). Valentinien III en rendit de nouveau la connaissance aux tribunaux laïques (Nov. de Valentinien III, t. xxxiv, *De episc. judic.*, C. 1 pr., § 1). C'est le dernier état de la législation, consacré par Justinien (C. Just., C. 25, *De episc.*; C. 29, § 4, *De episc. audient.*; Nov. 83, *præf.*, § 2. Nov. 123, C. viii, C. xxi, § 1); seulement ce prince acorda aux membres du clergé le privilège de n'être jugés que par des magistrats d'un ordre supérieur : le préfet de la ville à Rome et à Constantinople, le gouverneur dans les provinces.

En matière civile, les évêques furent de bonne heure pris volontairement comme arbitres par les fidèles dans leurs différends ; mais le magistrat restait seul maître de l'exécution de la sentence. Plus tard, les juges ecclésiastiques eurent compétence pour toutes les affaires qui n'intéressaient que des clercs ; si la contestation s'élevait entre clercs et laïques, il fallait s'adresser au magistrat ordinaire.

Nous verrons plus loin quelles furent les destinées des tribunaux ecclésiastiques au Moyen-Age.

# CHAPITRE VII

## CONCLUSION

L'histoire des institutions judiciaires de Rome aux diverses époques de son existence nous est connue. Jetant un coup d'œil en arrière et embrassant d'un regard cette longue période qui forme la vie du peuple romain, il serait sans doute du plus haut intérêt de se demander quelle

part ces institutions ont pu avoir sur les destinées de ce
grand peuple, sur sa gloire, sa décadence et sa ruine.
Mais cette étude ne laisse pas que de présenter des difficultés sérieuses ; il faudrait, pour la tenter avec succès,
la plume de Montesquieu, son esprit philosophique et sa
profonde connaissance de l'histoire. Aussi, on voudra
bien être indulgent pour les quelques considérations qui
suivent et que nous suggère l'histoire des institutions politiques et judiciaires de Rome. Il est assez difficile de distinguer bien nettement la part spéciale que le pouvoir
judiciaire a pu avoir sur le développement de la puissance
romaine. Nous savons, en effet, qu'il n'y eut jamais à
Rome, où la division des pouvoirs n'était pas soupçonnée,
des magistrats spécialement investis de la puissance de
juger, de cette puissance particulière que nous appelons
aujourd'hui le pouvoir judiciaire ; nous savons que chacun
des magistrats romains avait entre ses mains la plénitude
de la souveraineté, qu'il tenait d'une délégation du
peuple, seul souverain, et qu'il s'efforçait le plus souvent
d'employer au plus grand bien de la patrie et de mettre
uniquement au service de la République.

C'est donc toute la constitution politique de Rome,
ce sont toutes ses magistratures qu'il nous fraudrait étudier ; c'est dans l'institution du consulat, aussi bien que
dans celle de la préture, qu'il nous faudrait rechercher
quelques-unes des causes de la grandeur et de la puissance
romaines. Ces recherches nous entraîneraient bien loin
du cadre de ce modeste travail et nous feraient sortir de
notre sujet. Il n'est pas bien sûr, du reste, qu'elles puissent
aboutir. Il n'est pas prouvé que les institutions politiques
de Rome aient eu en elles-mêmes une grande influence
sur ses hautes et glorieuses destinées : les causes de la
force de la République romaine nous paraissent devoir
être cherchées ailleurs que dans une constitution politique

admirable. Le peuple Romain est, avant tout, un peuple militaire ; c'est surtout par les armes qu'il a été grand. Sa constitution politique, même au plus beau temps de la République, ne nous paraît rien moins que parfaite, notamment en ce qui concerne l'organisation de l'autorité judiciaire ; il nous semble que, dès cette époque, elle préparait l'anéantissement de la liberté et la décadence de Rome ; elle laissait trop de portes ouvertes par où la tyrannie pouvait passer, et où elle passa en effet sans violence, sans efforts, quand il n'y eut plus des hommes pour lui barrer le chemin et pour lui opposer quelque résistance.

Nous ne sommes tentés d'admirer cette constitution qu'à cause du peuple qu'elle a gouverné pendant des siècles, et des grandes choses que ce peuple a accomplies ; en elle-même, elle n'a rien qui mérite notre admiration : nos constitutions modernes me paraissent infiniment plus parfaites, malgré leurs défauts trop réels ; et les principes sur lesquels elles reposent, nous semblent une condition indispensable de la liberté : en particulier, le premier d'entre eux, le principe de la séparation des pouvoirs. Nous avons vu, dans ce siècle, tous les peuples civilisés l'adopter ; aucun n'a songé à le répudier, pour fonder une constitution sur les bases de la constitution romaine. L'idée seule nous en paraîtrait absurde, et une nation qui aurait une telle imprudence, ne tarderait pas à tomber dans la plus complète anarchie pour aboutir bientôt à la tyrannie.

Cependant, Rome a vécu pendant plusieurs siècles avec ces institutions évidemment défectueuses, et elle a pu accomplir les plus grandes choses et arriver à dominer le monde. S'il a pu en être ainsi, c'est que ces institutions étaient corrigées par les hommes ; c'est que ces magistratures ne furent exercées pendant longtemps que par des citoyens qui n'avaient qu'un but, une passion : la grandeur et la gloire de la République. Ce ne sont pas ses magistratures qui ont fait la grandeur de Rome, ce sont ses magistrats. L'esprit du peuple romain était tel à cette époque, que les défauts mêmes de la constitution, il les faisait tourner à l'avantage de la patrie.

Cette puissance illimitée donnée au magistrat par le peuple, ce pouvoir de commander, de faire la loi et de juger, aurait pu ailleurs présenter de graves dangers pour la liberté ; à Rome, ces dangers n'existaient pas, car le magistrat, profondément pénétré de ses devoirs envers la patrie, ne songeait durant son année de magistrature qu'à faire de grandes choses, afin de mériter de nouveaux emplois et de satisfaire ainsi une légitime ambition.

La multiplicité des magistratures ayant toutes des attributions étendues et mal définies, aurait créé ailleurs des conflits redoutables et capables de troubler profondément l'Etat : les Romains y trouvaient, au contraire, la principale garantie de liberté; elles se tempéraient l'une par l'autre et formaient un puissant obstacle à l'établissement de la tyrannie d'un seul.

La durée trop courte des magistratures ne permettait pas à leurs titulaires d'acquérir l'expérience des affaires ; il leur fallait quitter leurs fonctions au moment même où ils auraient pu commencer à les bien remplir. Cet inconvénient devait se faire tout particulièrement sentir dans l'administration de la justice, qui demande de longues et sérieuses études juridiques, l'habitude de l'application des lois. Mais cet inconvénient n'existait pas non plus à Rome. On sait combien l'esprit romain était porté vers les études juridiques : c'est à ces dispositions naturelles que le droit a dû d'être porté à ce haut degré de perfection, qui lui a valu le nom de raison écrite et lui a mérité l'honneur d'être pris comme base des législations modernes. Lorsque la jurisprudence sortit du mystère dont les pontifes l'avaient longtemps environnée, elle ne manqua pas de disciples. « Elle devint, dit Ihering (T. III, p. 97), et resta pendant des siècles l'occupation favorite des classes élevées, une noble passion, le dédommagement d'une carrière politique brisée ou dédaignée, une retraite honorable au bout d'une longue pratique des fonctions publiques. » Le juriste était appelé à rendre les plus grands services à ses concitoyens, et ces services étaient de tous les jours, il apparaissait dans tous les procès ; le *judex,* le magistrat lui-même, le consultaient dans les cas difficiles, dans les controverses compliquées ; les plaideurs prenaient son avis ou se faisaient assister par lui à l'audience ; c'est lui qui rédigeait les contrats, les testaments ; aucun procès n'était engagé sans son conseil. Pour ses services immenses, le jurisconsulte n'exigeait aucun salaire. « Les consultants se présentaient les mains vides ; mais ils payaient en une monnaie autrement précieuse pour un Romain d'une position indépendante : ils apportaient l'honneur, l'estime, la considération, la popularité et l'influence... La maison du juriste était ouverte au public, chacun y entrait, en sortait à son gré ; tous y avaient libre accès. Il était, dit Cicéron, l'oracle de la cité (*De orat.,* i, 45). Ce fut en tenant compte de cette idée que le sénat gratifia un jour un jurisconsulte connu d'une maison favorablement située pour épargner la distance à la foule qui affluait chez lui. Celui qui ne pouvait attendre une pareille affluence dans sa maison, comme la plupart des commençants, ou qui voulait se rendre plus accessible au peuple, faisait de la pratique ambulante : il transportait son bureau à la Bourse du droit, en plein forum, au milieu du tumulte des affaires et de l'agitation des audiences, afin d'être toujours à portée, prêt à offrir ses conseils et son intervention dans les cas les plus urgents. » (Ihering, T. III, pp. 103, 104.)

C'étaient ces hommes que la reconnaissance et l'estime populaires allaient chercher pour leur confier les magistratures ; c'étaient ces jurisconsultes si bien préparés par leurs études antérieures à l'administration de la justice, depuis longtemps habitués à la pratique des affaires, que l'on choisissait comme préteurs. Quoi d'étonnant dès lors que la justice fût bien rendue.

Le pouvoir de faire la loi accordé à celui-là même qui doit l'appliquer, nous paraît aujourd'hui une chose absolument contraire aux principes sur lesquels reposent toutes les garanties de bonne justice. A Rome, cette combinaison des deux pouvoirs produisit les plus heureux résultats : grâce à l'Édit du préteur, modifié chaque année, la législation se maintenait toujours en harmonie avec les nécessités pratiques du moment ; il n'y avait pas de changements brusques dans le Droit, et le législateur ne venait pas trop tard abroger des lois qui avaient depuis longtemps cessé de répondre aux besoins des citoyens.

Rome put vivre ainsi tant que les mœurs primitives se maintinrent, c'est-à-dire tant que la République ne se composa que d'un petit nombre de citoyens, tous remplis d'un ardent amour pour la patrie ; alors les emplois publics ne s'obtenaient que par la vertu et ne donnaient d'utilité que l'honneur et une préférence aux fatigues (Montesquieu, *Grandeur et décad. des Rom.*, ch. IV). Parmi les magistratures romaines, il en est une qui contribua à maintenir longtemps les anciennes mœurs qui faisaient la force de la République, en corrigeant les abus, en punissant les faits coupables que la loi ne pouvait atteindre... J'ai nommé la censure. Cette institution rendit les plus grands services ; mais elle-même n'était possible que dans un petit État, renfermé tout entier dans l'étroite enceinte d'une ville, et chez un peuple où l'immense majorité tenait encore au maintien des mœurs et des coutumes des anciens.

Mais lorsque Rome se fut agrandie, lorsque le nombre des citoyens se fut beaucoup augmenté par l'admission au droit de cité de nations entières, « Rome ne fut plus cette ville dont le peuple n'avait eu qu'un même esprit, un même amour pour la liberté, une même haine pour la tyrannie... Les peuples d'Italie étant devenus ses conci-toyens, chaque ville y apporta son génie, ses intérêts particuliers et sa dépendance de quelque grand protec-teur. La ville déchirée ne forma plus un tout ensemble, et comme on n'en était citoyen que par une sorte de fiction, qu'on n'avait plus les mêmes magistrats, les mêmes mu-railles, les mêmes dieux, les mêmes temples, les mêmes sépultures, on ne vit plus Rome des mêmes yeux, on n'eut plus le même amour pour la patrie, et les sentiments ro-mains ne furent plus. » (Montesq., ch. IX).

Des cités et des nations, qui n'avaient ni même origine ni mêmes intérêts que les Romains, purent concourir au gouvernement de la République et à l'élection des magis-trats.

Les esclaves étaient devenus plus nombreux, à mesure que la domination romaine s'était étendue ; les affranchis-sements s'étaient multipliés et le nombre des affranchis dépassa celui des ingénus. Il y eut à Rome toute une population étrangère, à laquelle les lois avaient bien pu donner les mêmes droits, mais non pas les mêmes senti-ments qu'aux vrais Romains. Il ne manqua pas alors d'ambitieux qui, ne pouvant parvenir aux honneurs par leur talent et leur vertu, cherchèrent à y arriver par la brigue; il ne manqua pas non plus de citoyens qui consen-tirent à vendre leurs suffrages. Dès lors, la décadence commença et les plus hautes magistratures tombèrent entre les mains d'hommes indignes.

La puissance de juger a une trop grande importance dans un Etat ; ceux qui en sont investis possèdent une trop grande influence, pour que cette puissance n'ait pas été recherchée. Aussi, pas plus que la censure ou le consulat, la préture n'échappa aux ambitieux ; elle était d'ailleurs le marchepied qui conduisait à des emplois plus enviés. Le droit de figurer sur l'*album* des juges fut lui-même l'objet d'ardentes compétitions ; au milieu des guerres civiles, qui ensanglantèrent Rome à la fin de la République, ce privilège fut disputé avec la plus grande violence entre les diverses classes de citoyens, et « les guerres de Marius et de Sylla ne se firent que pour savoir qui aurait le droit de rendre la justice, des sénateurs ou des chevaliers ». (Montesq., ch. xv. ; Tacite, *Ann.*, xii, 60.) Le pouvoir de juger ne fut plus exercé dans l'intérêt de la justice, mais dans celui d'une classe de citoyens.

Sous les empereurs, l'administration de la justice présente un assez triste spectacle : la puissance judiciaire marche à une décadence rapide, les dernières garanties disparaissent. L'empereur réunit sur sa tête toutes les attributions, qui étaient autrefois partagées entre un grand nombre de magistrats : si les anciennes magistratures sont conservées, c'est le prince qui en nomme les titulaires, et c'est lui, investi de la puissance suprême, qui peut toujours avoir le dernier mot dans une affaire, dans un procès civil ou criminel, si telle est sa volonté. Montesquieu remarque combien le pouvoir de juger joint à la souveraineté politique est odieux : « Ils (les empereurs) pouvaient aisément faire soupçonner que ceux qu'ils avaient condamnés, ils les avaient opprimés, le peuple jugeant ordinairement de l'abus de la puissance par la grandeur de la puissance ; au lieu que les rois d'Europe, législateurs et non pas exécuteurs de la loi, princes et non pas juges, se sont déchargés de cette partie de l'autorité, qui peut-être odieuse, et, faisant eux-mêmes les grâces, ont commis à des magistrats particuliers la distribution des peines. »

Cependant, au début de l'Empire, la justice civile ne paraît pas avoir été mal administrée. C'est à cette époque que la jurisprudence romaine jette son plus vif éclat ; toute l'activité des Romains semble s'être concentrée sur l'étude de cette science ; les plus illustres jurisconsultes, Papinien, Ulpien, occupent les plus hautes magistratures de l'Etat, même sous les plus mauvais empereurs : ils sont préteurs, préfets du prétoire. Ce fait ne doit pas trop nous étonner : qu'importait au prince que le peuple eût de bonnes lois privées, puisque lui-même en était affranchi ? Que lui importait que les différends de ses sujets fussent réglés d'après les principes de la plus sévère équité, pourvu qu'il pût atteindre facilement et sûrement ses adversaires, et les juger lui-même ou les faire juger par un tribunal docile, sans autre règle que son bon plaisir, sans aucune limite à son arbitraire ?

Ce qui manqua toujours à l'organisation judiciaire des Romains, sous la République comme sous l'Empire, ce fut un corps de magistrats indépendants, permanents, inamovibles : c'est là le vice radical du système romain. Mais l'inamovibilité n'était pas possible sous la République, où elle eût été un danger pour la liberté ; elle ne l'était pas davantage sous l'Empire, où elle eût été un obstacle à la tyrannie.

Dans les années qui précédèrent l'avènement de Dioclétien, la décadence de la jurisprudence commença : les études juridiques furent de plus en plus négligées par la grande masse des citoyens; on eut de la peine à trouver des juges instruits pour l'examen des procès. Nous avons vu que c'était en partie pour porter remède à ce mal que Dioclé-

tien abolit le système formulaire ; mais toutes les réformes
législatives étaient impuissantes à arrêter la décadence
générale des institutions et des mœurs, le mal était irré-
médiable.

Aussi dans les derniers siècles de l'Empire, la faiblesse
du pouvoir judiciaire est excessive : les juges inférieurs
sont méprisés, les magistrats voient leur autorité décroî-
tre. Au milieu du désordre du gouvernement, des révoltes,
des troubles, des invasions, les crimes restent la plupart
du temps impunis, les lois ne sont plus appliquées. Sous
Justinien, l'autorité des magistrats est presque anéantie ;
elle acheva de sombrer entièrement dans les luttes des
Verts et des Bleus. Les Bleus ne craignaient point les
lois, parce que l'empereur les protégeait contre elles; les
Verts cessèrent de les respecter, parce qu'elles ne pouvaient plus les défendre. (Montesquieu, ch. xx). Les
magistrats étaient accusés de vendre les jugements ; l'empereur lui-même n'était pas à l'abri du soupçon. (*Hist.
secrète de Procope.*)

Je ne sais si une meilleure organisation du pouvoir
judiciaire aurait pu prévenir une partie de l'affreux
désordre qui régna pendant des siècles dans l'Empire, au
moyen d'une autorité puissante et respectée, ou bien si la
faiblesse de la puissance judiciaire ne fut pas elle-même
causée par ce désordre et par la décadence générale qui
entraînait tout vers la ruine. C'est un problème que je ne
veux pas résoudre (1). Ce qui est certain, c'est l'excessive
faiblesse de l'autorité judiciaire; or, un Etat où cette
autorité est faible ne peut pas vivre ; le moindre choc

(1) « Rien ne contribua plus à la dégradation des mœurs et de l'esprit
public que l'infamie des jugements. » Laboulaye, *Des Causes générales de la
décadence romaine.* Revue de législation (*Revue Wolowski,* t. XXIII, p. 16).

suffit à l'ébranler. Les Barbares n'eurent pas de peine à renverser ce vieil édifice qui menaçait ruine : il était temps que des peuples jeunes vinssent achever sa démolition, et préparer de ses débris la reconstruction de la société sur de nouvelles bases.

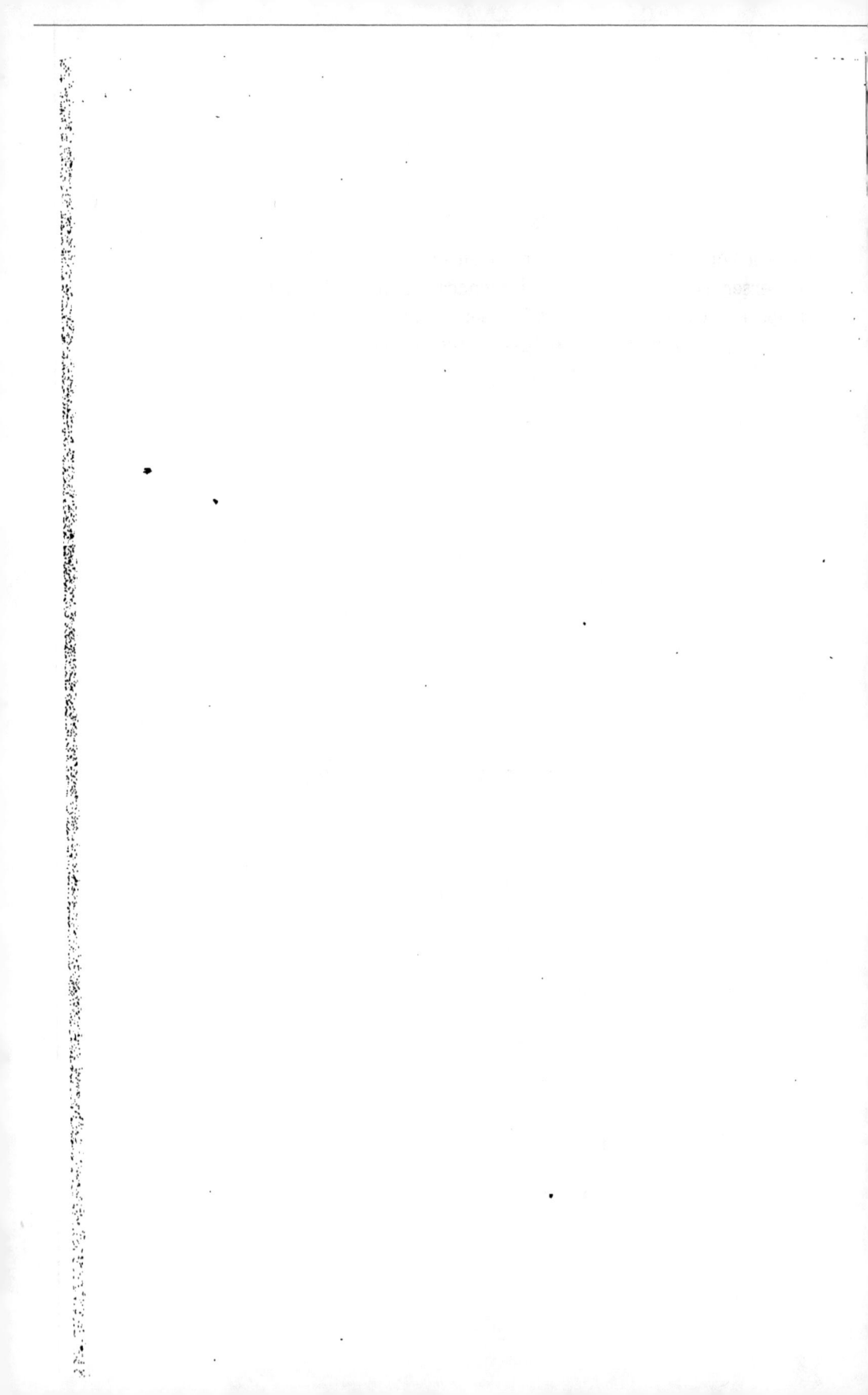

---

## DEUXIÈME PARTIE

# DU POUVOIR JUDICIAIRE

Dans l'ancienne France, depuis l'invasion de la Gaule par
les Barbares jusqu'à la Révolution.

---

## CHAPITRE PREMIER

ORIGINES DES INSTITUTIONS JUDICIAIRES DE LA FRANCE.
— DE L'ADMINISTRATION DE LA JUSTICE EN GAULE SOUS
LES ROMAINS.

Les institutions judiciaires de la Gaule romaine ne dif-
fèrent pas de celles des autres provinces de l'Empire ;
aussi il nous suffira de les rappeler en quelques mots.
L'administration romaine fut introduite dans les Gaules
après la conquête. Au Ve siècle, à l'époque de l'invasion
de l'Empire par les hordes germaniques, l'empire d'Occident était divisé en deux préfectures, la Gaule et l'Italie.
Les Gaules, qui comprenaient trois diocèses, la Gaule

proprement dite, l'Espagne et la Grande-Bretagne, avaient à leur tête un préfet du prétoire, qui siégeait à Trèves. Le diocèse, compris dans des limites un peu plus larges que la France moderne, était divisé en dix-sept provinces, administrées par un gouverneur (*consularis* ou *præses*). Ce gouverneur avait toute la juridiction civile et criminelle; mais beaucoup de villes avaient obtenu le *jus italicum*, et, avec lui, le droit de choisir elles-mêmes leurs juges, magistrats locaux chargés de rendre la justice aux citoyens, au moins au civil et en première instance, sous la surveillance du gouverneur. Ils portaient différents noms : *duumviri, quatuorviri, quinquennales, œdiles, prætores,* etc.

Il y avait, en outre, dans un grand nombre de cités, depuis le milieu du IV⁎ siècle, le *defensor*, élu par le peuple ; il avait aussi la juridiction civile en première instance et jugeait quelques causes criminelles.

Telle était, dans ses grandes lignes, l'organisation judiciaire d'une province, et notamment de la Gaule, lorsque les Barbares se jetèrent sur ce pays, comme sur une riche proie. Cette savante organisation provinciale, élevée par les Romains sur le sol de notre pays, ne tarda pas à être renversée par les invasions germaniques, et il n'en resta que peu de traces dans les institutions judiciaires de la France. Cependant elle avait poussé de trop profondes racines pour disparaître entièrement : après plusieurs siècles de domination, Rome avait mis sa puissante empreinte sur le pays conquis, et toutes les institutions de l'Empire ne devaient pas périr sous les coups des Barbares. La langue de Rome, qui avait remplacé si rapidement et si complètement les idiomes indigènes, survécut aux invasions, et ne recula pas devant les dialectes germaniques que parlaient les conquérants. Sa législation continua de régir les rapports des sujets gallo-romains dans les royaumes barbares, fondés sur les ruines de l'Empire; son influence se fit même sentir dans les lois des Franks, des Burgundes, des Wisigoths. Ses institutions judiciaires laissèrent également des traces. Quand les Barbares commencèrent à envahir les provinces, l'Empire fut impuissant à les défendre et à les gouverner; il leur laissa ce soin à elles-mêmes, rappela les troupes et l'administration. Les campagnes furent envahies les premières; la population gallo-romaine se réfugia derrière les remparts des villes, où elle fut plus longtemps à l'abri de l'invasion. La province fut bientôt désorganisée, mais les institutions municipales se maintinrent; les habitants des cités, sans relation avec le reste de la province, enfermés dans leurs murs, continuèrent à se régir à peu près comme ils l'avaient fait jusqu'alors, avec leurs mêmes institutions locales, leurs mêmes magistrats municipaux. A cette époque, chaque cité mène une existence isolée et indépendante dans son étroite enceinte, et tandis que la province romaine se désagrège et est pénétrée chaque jour davantage par les institutions germaniques, toute la vie politique se concentre dans les villes, le régime municipal se développe et prend chaque jour plus d'importance. Cette administration locale subsista si bien, que les conquérants, la trouvant presque partout fortement établie, n'osèrent pas y toucher. Tous les recueils de lois de cette époque sont remplis des traces de l'organisation municipale des Romains : le *Bréviaire d'Alaric* fait mention à chaque instant de la curie et de ses magistrats, des duumvirs, des *defensores;* il parle de la municipalité romaine, non point comme d'un souvenir de la domination de Rome, mais comme d'une institution bien vivante. Le *Papiani responsum* et tous les monuments législatifs de la période franque attestent aussi que dans toute l'étendue de l'ancienne Gaule, les municipalités et les magistratures locales subsistaient toujours. (Voir à ce sujet : Savigny, *Hist. du Dr. rom.*, I, 267-273; II, 101-118. — Raynouard, *Hist. du rég. mun. en France.*)

Et non seulement ces institutions romaines subsistent, mais elles ont acquis plus d'importance et plus d'indépendance : le gouverneur a disparu, et une partie de ses attributions est revenue aux magistrats des cités ; leur juridiction, très limitée à la fin de l'empire d'Occident, s'est accrue sous la domination des Barbares ; toutes les questions qui ne concernent que la vie privée des citoyens, sont de leur compétence.

Le régime municipal, si fortement organisé qu'il résista aux invasions germaniques, se maintint, durant toute la période mérovingienne. Charlemagne, qui réorganisa l'empire des Franks, trouva ces tribunaux locaux établis dans la plupart des villes, principalement dans le Midi, qui avait mieux conservé les souvenirs de la domination de Rome. Il paraît les avoir remplacés par les *scabini,* qui eurent à peu près les mêmes attributions judiciaires et administratives, mais qui étaient institués par le prince et d'où sortirent les échevins des villes, qui subsistèrent jusqu'à la Révolution. Nous retrouverons le régime municipal plus tard encore vivant quoique affaibli, au XI• siècle, lorsque se manifestera le grand mouvement de l'émancipation des communes ; nous verrons que les Chartes octroyées par les seigneurs contiennent toutes le droit pour les citoyens des villes affranchies d'avoir leurs magistrats locaux élus par le peuple, et chargés à la fois de l'administration et de la justice (1).

---

(1) Au sujet de cette survivance des magistratures municipales, de très vives controverses se sont élevées. Savigny (*Histoire du Droit romain au Moyen-Age*, I, 267), et M. Fustel de Coulanges (*Histoire des institutions politiques de l'ancienne France*, p. 152), se sont prononcés pour l'affirmative. D'autres auteurs, et notamment M. Pardessus (*Essai histor. sur l'organis.*

Si la municipalité romaine se maintint après la chute de l'empire d'Occident, toutes les grandes magistratures périrent : il n'est plus question du préfet du prétoire, le vicaire de l'empereur, puisqu'il n'y a plus d'empire ; le nom du gouverneur devient rare au VI<sup>e</sup> siècle ; il est remplacé à la tête des provinces par des ducs, des comtes, qui héritent de la plupart de ses attributions. L'administration romaine, fortement centralisée, était trop supérieure à celle des Barbares pour ne pas exercer sur elle une certaine influence : les chefs germains essayèrent de conserver à leur profit cette organisation qui n'était pas faite pour leurs peuples ; ils n'y réussirent qu'imparfaitement, et non sans amener un grand désordre dans l'administration de la justice.

# CHAPITRE II

ORIGINES DES INSTITUTIONS JUDICIAIRES DE LA FRANCE. (*Suite.*) — DES INSTITUTIONS JUDICIAIRES DES PEUPLES GERMAINS.

Les Franks apportaient avec eux des mœurs, des coutumes, des institutions nouvelles et différentes, qui se substituèrent peu à peu aux mœurs et aux institutions gallo-romaines, à mesure que la conquête franque s'étendit dans la Gaule. C'est surtout dans les institutions ger-

*judiciaire*, p. 345) soutient une opinion absolument contraire. Il me paraît impossible de nier le maintien de la municipalité romaine dans beaucoup de villes du Midi.

maniques qu'il faut chercher l'origine de l'organisation judiciaire de l'ancienne France.

Quelles étaient ces institutions (1)? Chez tous les peuples d'origine germanique, et dès la plus haute antiquité, nous trouvons une haute Cour, chargée de rendre la justice et d'appliquer la loi aux membres de la communauté. Tacite en fait mention (*Mœurs des Germains,* XII). On l'appela la Cour de Centaine ou Mâl. C'était une assemblée populaire, composée d'hommes libres, les rachimbourgs, vivant dans les limites de la Centaine, c'est-à-dire de la circonscription territoriale, administrative et judiciaire, et présidée par un président électif, qui porte le nom de Thunginus ou Thingman, chargé de diriger les débats. Dans toutes les contestations relatives à un contrat ou à une question de propriété, ce tribunal n'imposait pas de force ses décisions, et peut-être en fut-il de même à l'origine dans tous les cas. Ce n'était donc qu'une Cour d'arbitrage, caractère remarquable, qui était aussi, nous l'avons vu, celui de l'autorité judiciaire romaine à ses débuts, et qui devait être celui de la justice à ses origines mêmes, lorsque les tribus de la race indo-européenne n'avaient pas encore commencé leurs migrations vers l'Occident.

A coté de cette Cour de justice, on trouve le roi ou chef, qui n'eut d'abord que peu de part à l'administration de la justice. Il était seulement représenté dans la Cour par des officiers chargés de percevoir sa part des amendes imposées. Mais l'officier du roi pouvait faire mettre à exécution la sentence du tribunal : c'était déjà une immixtion de l'autorité royale dans la justice. Les empiètements

(1) On peut consulter à ce sujet, pour de plus amples développements, un remarquable article de Sir H. Sumner-Maine : *Etudes sur la Coutume primitive* : « La royauté primitive et l'administration de la justice civile ». V. aussi, Thonissen, *Organisation judiciaire de la loi salique,* 1, II.

devinrent bientôt fréquents ; le président populaire fut
remplacé par un lieutenant du roi, le Graf ou Comte ;
l'influence royale devint prépondérante. Les plaideurs
prirent l'habitude de s'adresser directement au roi qui,
par ses officiers, pouvait faire exécuter rapidement la sentence qu'il avait rendue. La justice du roi finit par remplacer presque complètement celle de la Cour populaire.

Ce tribunal en effet avait en lui des germes de décadence
et de ruine : il exigeait un grand nombre d'hommes, et
faisait perdre un temps énorme à ceux qui y étaient
appelés. C'était une lourde charge, à une époque où les
villages étaient fort éloignés les uns des autres et presque
sans communications entre eux. Cette Cour exigeait un
grand nombre de personnes ; c'était en effet un très vieux
principe que chacun ne pouvait être jugé que par ses
pairs : le grand vassal de la couronne par tous les grands
vassaux du royaume, le vilain par tous les vilains de la
seigneurie. Le devoir de se rendre à la Cour était si
rigoureux qu'on préféra abdiquer le droit. D'autre part,
les plaideurs voyaient avec une grande faveur grandir la
justice royale ; elle présentait pour eux de sérieux avantages sur les assemblées populaires. Les plaideurs devaient
se déplacer, faire souvent un long voyage, pour porter
leurs causes devant la Cour. Le roi au contraire parcourait
lui-même ses domaines, allant porter la justice à ses
sujets, et cette justice était bien supérieure à celle de l'assemblée du peuple. Aussi ne doit-on pas s'étonner que
ce tribunal ait fini par tomber en décadence et dans un
grand discrédit ; il disparut presque entièrement, au
moins comme tribunal chargé des affaires civiles. Cette
révolution était à moitié accomplie, quand les Franks
saliens firent la conquête de la Gaule.

# CHAPITRE III

Nous voyons les rois Franks de la première et de la seconde race à la fois législateurs, chefs d'armée et juges. Toutes les fractions de la souveraineté étaient dans leurs mains, et ils considéraient comme le premier de leurs droits et le plus sacré de leurs devoirs, le droit de rendre la justice à leurs peuples. Aidés de leur conseil, *placitum palatii,* Dagobert, Charlemagne, Louis le Débonnaire y consacraient des journées entières et souvent une partie des nuits. Dans les provinces, la justice était ordinairement rendue par les seigneurs dans leurs fiefs, et dans les terres directement soumises à la juridiction royale, par les Comtes, les envoyés du roi et les centeniers, assistés d'assesseurs qu'on appelait *scabins,* et qui étaient nommés par l'envoyé du roi, sur la présentation du peuple. Le roi exerçait une haute surveillance sur ces divers tribunaux par ses *Missi Dominici.* Quelquefois l'assemblée générale de la nation se réunissait encore dans les Champs de Mars ou de Mai, pour participer à l'administration de la justice, mais seulement pour les affaires d'intérêt général touchant à la politique.

# CHAPITRE IV

DE LA JUSTICE PENDANT LA PÉRIODE FÉODALE. — JUSTICES
ROYALES ET SEIGNEURIALES. — LEURS LUTTES.

A l'avènement de Hugues Capet, cette organisation
disparut. Les seigneurs, devenus les égaux du roi, refusèrent de recevoir ses envoyés qui, sous les derniers
règnes, exerçaient une surveillance active sur les tribunaux féodaux ; le droit d'appel, qui existait auparavant,
fut aboli et les seigneurs devinrent les seuls juges dans
leur baronnie : « Chascuns des barons si est souverains
en se baronnie. » (Beaumanoir, ch. xxxiv). C'est un des
caractères du régime féodal d'avoir étendu le droit de
propriété sur des objets qui lui échappent : le seigneur se
considérait comme propriétaire de son droit de justice
comme il l'était de ses terres et de ses châteaux, si bien
qu'il l'affermait comme un domaine, moyennant une redevance, aux enchères et au plus offrant, à des agents
subalternes, appelés préposés ou prévôts.

Ces justices seigneuriales présentaient de graves abus :
la complication des lois, l'ignorance des juges, l'arbitraire
des seigneurs qui rendaient la justice à leur gré et souvent ne la rendaient pas, tout contribuait à donner peu
de garanties aux justiciables de ces tribunaux. Le plus
souvent, dans l'impossibilité de connaître ou d'appliquer
la loi, on recourait au combat judiciaire. Le combat ou
duel judiciaire est une des institutions les plus curieuses

du Moyen-Age, une de celles qui caractérisent le mieux cette époque, qu'on se représente volontiers comme le règne de la force matérielle et brutale. Cependant on se tromperait en voulant ne voir dans l'institution du combat judiciaire que la consécration pure et simple du droit du plus fort. Une idée morale plus élevée guidait les juges des tribunaux féodaux, lorsqu'ils ordonnaient que le litige se résoudrait par les armes : reconnaissant leur manque de lumières, ils s'en remettaient non pas au hasard d'un combat, mais à la Divinité, du soin de trancher la contestation. Le résultat de la lutte, c'était la sentence de Dieu même. Celui qui se trouvait condamné injustement par une Cour de justice, pouvait aussi invoquer ce Juge suprême, en appelant ses juges un à un, en champ clos, en combat singulier ; s'il sortait vainqueur de la lutte, il avait gagné son procès. Il faut reconnaître que le duel judiciaire était une singulière manière de rendre la justice ; il devait tomber peu à peu en désuétude, à mesure que les mœurs s'adoucissaient, à mesure aussi que les justices seigneuriales disparaissaient devant la justice du roi.

Le roi, sous les premiers Capétiens, n'était juge que dans ses domaines ; mais sa qualité de seul souverain du royaume lui fit élever d'autres prétentions, et les légistes, imbus des doctrines romaines, firent tous leurs efforts pour faire admettre et prévaloir des principes tels que ceux-ci : « Toute justice émane du roi. — Le roi seul peut déléguer le droit de rendre la justice. »

Une foule de circonstances contribuèrent, en affaiblissant la puissance des seigneurs, à étendre la justice royale. L'institution des cas royaux, l'établissement des communes, la création des villes de bourgeoisie, vinrent créer toute une catégorie nouvelle de juridictions royales. L'institution de l'appel porta un coup encore plus funeste aux justices seigneuriales.

Un moyen efficace d'étendre la juridiction royale fut l'introduction des cas royaux. Prétendant qu'il n'était pas convenable que de simples vassaux du roi pussent juger, dans leurs Cours, des crimes qui portaient atteinte à la haute dignité de la couronne, à la religion, à la sûreté de l'Etat, les juges royaux revendiquèrent le droit exclusif d'en poursuivre les auteurs. Tous les crimes commis contre la personne du roi furent déclarés cas royaux ; on leur assimila ceux commis contre ses officiers, ses délégués, car l'offense qu'on leur faisait était considérée comme faite au roi qu'ils représentaient. On alla plus loin, et on qualifia cas royaux tous les attentats contre les personnes et les propriétés, parce que c'était le droit et le devoir de la royauté de maintenir l'ordre et la paix publique sur le territoire soumis à sa suzeraineté.

En matière civile, toutes les causes qui intéressaient le domaine, les églises, les établissements religieux et laïques, furent revendiquées par les juges royaux, parce que le roi était, d'après les lois divines et humaines, protecteur de ces intérêts.

Les franchises et les libertés accordées par les Chartes des communes à leurs habitants auraient pu être facilement compromises, si elles avaient été laissées à la merci des Cours féodales ; il fallait soustraire les habitants des communes à la juridiction du seigneur. Aussi, les Chartes qui leur étaient octroyées leur garantissaient généralement le droit de n'être jugés que par des magistrats choisis par eux et chargés de l'administration, de la police et de la juridiction dans l'intérieur de la commune. On discuta quelque temps sur la nature de ces nouvelles justices ; les seigneurs luttèrent pour faire admettre qu'elles n'étaient que des démembrements des justices seigneuriales, comme la commune était un démembrement du domaine seigneurial ; que, par conséquent, les magistrats municipaux ne pouvaient exercer leurs fonctions que sous la dépendance du seigneur. Les légistes firent prévaloir d'autres principes : Le roi, disaient-ils, est le seul souverain du royaume ; la création d'une justice est un acte de la souveraineté. Le titre qui établit une nouvelle justice ne se trouve pas dans la Charte octroyée par le seigneur, mais dans la confirmation donnée par le roi, confirmation nécessaire de la part du suzerain. Ces principes s'affirmèrent mieux à mesure que la puissance royale se fortifia par des empiètements successifs ; on finit par reconnaître universellement que les juridictions municipales faisaient partie des justices royales et que les juges municipaux ne pouvaient rendre la justice qu'au nom du roi.

La création des villes de bourgeoisie donna de nouveaux justiciables aux tribunaux du roi. Ces villes attirèrent une foule de personnes dans leurs murs. Pour s'affranchir de la juridiction du seigneur et devenir justiciable des juges royaux, il suffisait d'y transporter son domicile. Plus tard, le changement réel de domicile ne fut plus nécessaire ; il suffit de désavouer le seigneur et de s'avouer bourgeois du roi. Devant les réclamations soulevées de la part des intéressés par cette innovation, un règlement de Philippe le Bel, de l'année 1287, fixa les conditions pour acquérir le droit de bourgeoisie : il fallait acheter une maison de 60 sous parisis et « y demeurer, lui ou sa femme, depuis la veille de la Toussaint jusqu'à celle de la Saint-Jean, sans qu'il puisse s'absenter, si ce n'est pour affaires, mariage, maladie, pèlerinage ou autres cas semblables ». On le voit, ces conditions étaient assez larges.

L'institution et le développement de l'appel portèrent les derniers coups aux justices seigneuriales. Son origine remonte à Philippe-Auguste. Ce prince avait décidé que lorsqu'un seigneur refuserait justice, on pourrait se pourvoir à la cour du seigneur dominant : c'était l'appel de défaute de droit.

Saint Louis fit un pas de plus, et, malgré de nombreux obstacles et de vives protestations, compléta la réforme. Après avoir aboli le combat judiciaire dans ses domaines, en 1260, il permit (établissement de 1270) de fausser jugement sans combattre, c'est-à-dire « l'attaquer et accuser les juges de l'avoir rendu méchamment, comme faux, traître et menteur ». Ce n'était pas encore l'appel, dans le sens que nous attachons aujourd'hui à ce mot : c'était plutôt une prise à partie du seigneur qui ne l'obligeait plus, comme autrefois, à descendre dans l'arène et à y combattre, mais qui le forçait à comparaître devant la cour de son suzerain, le roi, à s'y défendre, et par conséquent à reconnaître sa supériorité. L'appel sans vilain cas vint compléter la révolution : le plaideur n'accusait plus le seigneur ou les juges du seigneur d'être faux, traîtres et menteurs, d'avoir jugé méchamment ; il se basait, pour fausser le jugement, sur les moyens mêmes employés devant le premier tribunal. C'était un véritable appel. Dès lors, toutes les affaires purent être portées devant les justices royales, les unes directement, les autres en appel seulement ; la suprême puissance judiciaire se retrouva, comme à l'origine, placée entre les mains du roi. Les seigneurs s'étaient d'ailleurs désintéressés de plus en plus de l'administration de la justice depuis que, grâce aux progrès des mœurs et à l'exemple donné par le roi, la pratique du duel judiciaire avait été abandonnée.

# CHAPITRE V

A côté des justices seigneuriales, s'élevait une juridiction rivale et puissante, celle de l'Eglise. Elle s'était établie dans les derniers siècles de l'Empire romain et avait été reconnue par les empereurs chrétiens. Au Moyen-Age elle prit une grande extension et acquit une grande importance ; elle eut une influence considérable sur le développement du Droit, et fut, à cette époque, un véritable bienfait. Après les invasions des Barbares, au milieu des ténèbres et des désordres qui suivirent la chute de l'empire d'Occident, l'Eglise restait la seule puissance capable de résister à la force brutale et à la puissance tyrannique des seigneurs féodaux ; elle seule représentait, dans ces siècles de luttes et de troubles, le droit et la justice. Les tribunaux des barons ne pouvaient inspirer une grande confiance ; les fidèles prirent l'habitude de s'adresser aux évêques comme à des arbitres, et de soumettre à leurs décisions la solution de leurs litiges. Mais outre cette juridiction volontaire, qui devait être fréquente, l'Eglise avait, et conserva durant tout le Moyen-Age, une juridiction contentieuse importante dans les matières spirituelles, soit civiles, soit criminelles, et s'étendant à une classe nombreuse de personnes, les clercs.

Les évêques exercèrent d'abord eux-mêmes cette juridiction ; mais bientôt, en présence de la multiplicité des affaires soumises à leur tribunal, ils furent obligés de la déléguer à des officiers ecclésiastiques spéciaux, appelés officiaux, vice-gérants. Devant ces tribunaux ecclésiastiques, s'il s'agissait de matières spirituelles, on ne suivait pas d'autre règle de droit que l'Ecriture, les Pères, la tradition. En matière civile, on suivit d'abord le Droit romain; puis il se forma peu à peu une jurisprudence canonique, une des sources les plus fécondes de notre législation civile.

Beaucoup de causes contribuèrent au développement de cette juridiction. La procédure était plus sûre, moins arbitraire que celle des justices seigneuriales; les lois appliquées étaient plus douces, les juges plus instruits; certains usages, inconnus ailleurs, se faisaient remarquer par leur équité, par exemple celui de condamner aux dépens la partie qui succombait. Pour tous ces motifs, cette juridiction était vue avec beaucoup de faveur; et il est certain qu'elle offrait au justiciable des garanties plus sérieuses de bonne justice que les tribunaux laïques de cette époque.

Cette juridiction s'étendait à tous les clercs; or, pour obtenir le privilège fort recherché de cléricature, il suffisait d'être tonsuré : l'Eglise avait donc de nombreux justiciables qui cherchaient, par ce moyen, à se soustraire à la juridiction des seigneurs. « On vit des bouchers, des boulangers, des baladins, devenus clercs pour avoir reçu la tonsure, justiciables de l'officialité du lieu. » D'autre part, la compétence des tribunaux de l'Eglise dans toutes les matières spirituelles, leur permit d'empiéter sur les affaires purement civiles : elle leur donnait la connaissance de tous les actes qui se rattachaient aux sacrements, particulièrement à celui qui donne naissance aux rapports juridiques les plus nombreux, au sacrement du mariage. L'Eglise était juge de toutes les contestations relatives à la validité du mariage ou des fiançailles, de toutes les questions d'état, de celles qui se rattachaient au serment, des procès qui avaient pour objet des legs pieux.

On le voit, sa compétence était étendue, et comme elle était mal fixée, les empiètements étaient faciles. Pour les arrêter, une ordonnance de Philippe de Valois, de 1329, établit les recours comme d'abus portés devant les Parlements. Cette mesure excita les résistances du clergé, que la royauté n'eut pas de peine à briser. Dès lors, la décadence des justices ecclésiastiques fut rapide : l'Eglise ne conserva plus qu'une juridiction exceptionnelle, restreinte aux affaires ecclésiastiques ; les juges du roi furent seuls compétents en matière civile. Le Parlement et les légistes furent dans cette lutte les plus fermes appuis de la puissance royale, comme ils le furent dans sa lutte contre les justices seigneuriales.

## CHAPITRE VI

### LA JUSTICE ROYALE. — LE CONSEIL DU ROI. — LE PARLEMENT.

Les affaires enlevées aux justices seigneuriales ou ecclésiastiques étaient portées devant le roi ou devant son Conseil, composé des personnes qu'il jugeait bon d'y introduire. Ce Conseil avait des attributions variées, politiques, administratives, judiciaires ; avec les appels il ne tarda pas à être surchargé. Ce Conseil d'Etat ne pouvait d'ailleurs donner aux affaires des particuliers que le temps qu'il n'était pas forcé de consacrer aux affaires publiques.

Le roi, comme aux premiers temps de la monarchie, jugeait souvent lui-même : qu'on se rappelle saint Louis et le chêne de Vincennes. Mais il ne pouvait connaître que d'un nombre bien restreint d'affaires. Un autre tribunal, appelé les Plaids de la Porte, concourait aussi à l'administration de la justice ; mais il renvoyait au roi et à son Conseil toutes les causes de quelque importance.

Le Conseil d'Etat finit par fixer quatre époques de l'année où il devait s'occuper du jugement des affaires litigieuses : la Toussaint, la Chandeleur, Pâques et l'Ascension. Ainsi réuni en Cour de justice, le Conseil du roi prenait le nom de Parlement. Sous Philippe le Bel, un certain nombre de membres du Conseil furent spécialement délégués pour rendre la justice à chaque session (Ord. de 1291). Quelques années plus tard (Ord. du 23 mars 1302, art. 62), il fut décidé que toutes les sessions se tiendraient à Paris, au lieu de se tenir, comme cela se faisait depuis longtemps, dans les diverses villes du royaume, où se trouvaient à ce moment le roi et son Conseil, ce qui obligeait les plaideurs et leurs avocats à accompagner le roi dans ses voyages. Tous les ans, deux listes étaient publiées, l'une à la Toussaint, l'autre à Pâques, proclamant les noms des conseillers du roi qui devaient composer le Parlement ; leurs fonctions étaient bornées à la durée d'une session. Sous le règne de Philippe de Valois, elles devinrent permanentes. La première institution judiciaire du royaume, le Parlement de Paris, était fondée.

Le Parlement continua à se recruter dans le Conseil du roi ; mais ces fonctions, devenues des places lucratives, furent très recherchées et trop souvent données à l'intrigue et à la faveur. Pour remédier à un état de choses qui nuisait à la bonne administration de la justice, l'Ordonnance du 11 mars 1344 décida qu'aucune nomination ne pourrait être faite que sur l'avis du Parlement lui-même. Disposition fort remarquable, confirmée par l'Edit du 7 janvier 1404, qui donne au Parlement l'élection de ses membres. Elle fut malheureusement souvent violée ; mais appliquée sous les bons règnes, elle produisit de si heureux résultats, que parmi les doléances des Etats de 1483, de 1560 et de 1588, nous trouvons des vœux pour le rétablissement des élections.

Ce mode de recrutement était en effet de nature à donner une magistrature indépendante. Peu de souverains se conformèrent à l'Edit du 7 Janvier : en fait, le roi nommait les membres du Parlement et les révoquait à son gré ; à chaque changement de règne, il y avait des destitutions, au plus grand dommage de la justice. Il faut arriver à Louis XI pour trouver consacré pour la première fois le grand principe de l'inamovibilité.

Le célèbre Edit du 21 octobre 1467 accomplit cette grande réforme :

« Comme depuis notre avènement à la couronne, plu-
« sieurs mutations ayant été faites en nos offices, laquelle
« chose est advenue à la poursuite et suggestion d'aucuns
« et nous non avertis duement ; par quoi ainsi entendu
« avons, et que bien connaissons être vraisemblable, plu-
« sieurs de nos officiers doutant choir audit inconvénient
« de mutation et destitution, n'ont pas tel zèle et ferveur
« à notre service qu'ils auraient, se n'était ladite doute ;
« savoir faisons que nous, considérant qu'en nos offices
« consiste, sous notre autorité, la direction de faits par
« lesquels est policée et entretenue la chose publique de
« notre royaume, et que d'icelui ils sont ministres essen-
« tiaux, comme membres du corps dont nous sommes le
« chef, voulant extirper d'eux icelle doute, et pourvoir à
« leur sûreté en notre service, tellement qu'ils aient cause
« d'y persévérer ainsi qu'ils doivent :

« Statuons, ordonnons par ces présentes que désormais
« nous ne donnerons aucun de nos offices, s'il n'est
« vacant par mort ou par résignation faite du gré et con-
« sentement du résignant, dont il apparaîtra duement, ou
« par forfaiture préalablement jugée et déclarée judiciai-
« rement, et selon les termes de justice, par juge compé-
« tent, et dont il apparaîtra semblablement…, etc. »

Quelles qu'aient été les intentions du roi, et pour beaucoup d'auteurs, Louis XI aurait eu moins en vue l'intérêt
de la justice que ses intérêts particuliers, ce grand acte
par lequel il se dépouillait d'une prérogative que personne
ne lui contestait, n'en reste pas moins, comme le dit Hanrion de Pansey, « un des plus beaux monuments de notre
législation. » Cet acte ne devait pas cesser avec le règne,
se sentant près de sa fin, le roi fit appeler le dauphin
Charles, et lui fit jurer solennellement de ne rien changer
aux grands offices, comme il l'avait fait lui-même, à son
dommage, lors de son avènement.

Par cette grande réforme, l'ordre judiciaire était désormais établi sur ses véritables bases, ou du moins s'était
rapproché de plus en plus de l'organisation de la justice
comme nous la comprenons.

Le pouvoir judiciaire s'est peu à peu émancipé de la
puissance royale ; il est sorti des mains du roi pour passer dans celle de magistrats indépendants. Malheureusement la puissance royale est encore trop absolue pour ne
pas faire sentir son influence sur la justice. La justice n'a
pas cessé d'émaner du roi : de là, prenant la place des tribunaux ordinaires, des commissions si justement flétries
par Dumoulin ; de là des évocations fréquentes au grand
Conseil dont le Parlement n'est qu'un rameau indépendant.

Voici quelle fut l'origine de ce droit. Tant que
le Parlement ne se distingua pas du Conseil du roi, il ne
pouvait être question d'évocations ; mais quand le prince

se fût privé, dans l'intérêt de ses sujets et de la justice, de son Conseil, il se vit forcé d'en former un second, composé de membres du Parlement, de princes du sang et de grands seigneurs, et qui fut appelé Conseil secret. Son rôle devait être restreint aux affaires du gouvernement et il en fut ainsi à l'origine ; mais il ne tarda pas à empiéter sur le domaine de la justice. « Lors des factions qui intervinrent entre la maison d'Orléans et celle de Bourgogne, auquel temps, ainsi que toutes les choses de la France, se trouvèrent grandement brouillées et en grand désarroi ; aussi ceux qui avaient la force et puissance par devers eux, pour gouverner toute chose à leur appétit, faisaient évoquer les négoces qu'il leur plaisait par devant le Conseil du roi, qui était composé ou d'Orléanais ou de Bourguignons, et par cette voie frustraient ceux de la Cour du Parlement des causes qui leur étaient affectées. » (Pasquier, *Rech.*, xi, 6.)

Comme ce droit d'évocation dégénérait en grand abus et s'exerçait fort arbitrairement, les Etats-Généraux firent des remontrances au roi Charles VIII qui forma, avec des membres du Conseil secret, une Cour de justice appelée Grand-Conseil, qui pouvait évoquer les affaires, mais devait les juger selon les formes de procédure usitées devant le Parlement.

L'usage des évocations se maintint jusqu'à la Révolution, il devint même fréquent ; c'était un empiètement sur la puissance judiciaire ; mais personne ne songea jamais à contester ce droit au prince, et on ne le pouvait pas, étant donnés les principes alors universellement admis en matière de pouvoir.

Les difficultés financières des règnes de Louis XII et de François Ier firent introduire la vénalité des offices de judicature. Le roi se considérant, d'après les idées féodales, comme propriétaire du droit de justice, eut l'idée de

vendre les offices. Les Etats et le Parlement résistèrent :
le Parlement continua à exiger le serment prescrit par
les anciennes ordonnances, de n'avoir acheté son office
ni directement ni indirectement. Mais le roi continua, de
son côté, à vendre les offices. La volonté royale prévalut,
et la vénalité s'établit définitivement. Pour en pallier
certains inconvénients, on décida, sur la demande des
Etats d'Orléans, que les pourvus d'offices ne seraient
admis à en exercer les fonctions qu'après un examen et des
informations qui garantiraient leur suffisance et leur capacité. « Les examens doivent être faits à l'ouverture des
livres de Droit, sans bailler thèmes particuliers à ceux
qui se présenteront ; auxquels examens enjoignons à nos
dites Cours, vaquer soigneusement et ne recevoir en
icelles, sinon ceux qui seront approuvés par les deux tiers
de la compagnie qui aura assisté à l'examen. » (Ord. de
1566, art. 10.)

Ces offices n'étaient que viagers : à la mort, ils ren-
traient dans la main du roi, qui pouvait les aliéner de
nouveau. Sur la proposition de Charles Paulet, secrétaire
de la Chambre du roi, on rendit les offices patrimoniaux,
héréditaires et aliénables en faveur de ceux qui, dans les
premiers jours de janvier, verseraient dans le trésor public
une somme égale à la soixantième partie de leur finance
(arrêt du Conseil du 4 décembre 1604 ; déclaration du roi
du 12 décembre 1604). Depuis, les offices de judicature
ont circulé dans le commerce jusqu'à la Révolution.

La vénalité et l'hérédité des offices ont été l'objet
de sévères critiques ; il est certain qu'elles présentaient de
graves abus. L'officier de justice voulait faire produire le
plus possible à sa charge, et c'était au détriment du justiciable. « Qui vend office, vend justice, disaient les Etats,
ce qui est chose infâme. » (Tocqueville, *Ancien Régime
et Révolution*, l. II, ch. X, p. 156.) J'essaierai,

cependant, de réhabiliter un peu ce système de recrutement des magistrats ; il avait en somme ses avantages, et
je ne m'étonne pas qu'il ait trouvé des défenseurs. Riche-
lieu le trouvait supérieur à la nomination par le roi,
« à cause de la faveur et de l'artifice qui amènent nécessairement des abus dans la libre distribution des charges »
(*Testament politique,* ch. IV, sect. I, 128 et s.). Montesquieu s'exprime à peu près de la même manière (*Esprit
des Lois,* v, 19, 4ᵉ quest.). « Avoir acheté son emploi, dit
B. Constant (1), est une chose moins corruptrice qu'avoir
toujours à redouter de le perdre. » Ce qui est certain,
c'est que la dignité et l'indépendance de notre corps judiciaire faisaient l'admiration de l'Europe : « L'opinion et
l'estime du Parlement étaient telles dans toute la chré-
tienté que, communément, les grands princes étrangers
se soumettaient volontairement au jugement de ce Parlement » (paroles du chancelier Olivier, prononcées le 2 juillet 1549 devant le roi Henri II, en lit de justice. Citées
par Hanrion de Pansey). On connaît les résistances des
Parlements à l'absolutisme royal : le conseiller qui avait
acheté sa charge et l'avait payée à beaux deniers comp-
tants, se sentait fort en face des exigences du pouvoir,
puisqu'il savait bien qu'il n'avait rien à craindre ni rien à
attendre de lui. « La mise en office tenait lieu d'une sorte
de garantie politique contre l'omnipotence du pouvoir
central » (Tocqueville, *l. c.,* ch. XI, p. 162).

(1) *Polit. constit.,* ch. II, p. 22.

# CHAPITRE VII

ATTRIBUTIONS DU PARLEMENT

Les Parlements, celui de Paris surtout, tiennent une grande place dans la constitution politique de l'ancienne France. Leurs attributions étaient variées et nombreuses ; elles touchaient à tout. La division des fonctions entre différents organes ne pouvait pas être connue à une époque où l'on considérait tous les pouvoirs comme émanant de la royauté. Le Parlement, rameau détaché du conseil du roi, le représentant de la puissance suprême, s'attribua et exerça la plénitude de la souveraineté judiciaire, politique, religieuse, administrative.

Comme la plus haute Cour de justice du royaume, le Parlement vit sa compétence, d'abord assez restreinte, s'élargir beaucoup ; il gagna tout ce que perdirent les justices seigneuriales, et nous avons vu que, dans la lutte de la royauté contre la féodalité, la décadence des Cours féodales fut rapide. L'institution de l'appel étendit son ressort à tout le royaume ; il put alors juger toutes les affaires, soit civiles, soit criminelles, en première instance ou en appel, comme tribunal suprême. Toutes les contestations venaient aboutir devant lui.

Cette compétence universelle du Parlement eut d'heureux effets ; elle lui permit d'exercer une grande influence sur le développement du Droit en France. Les hommes qui le composaient, ennemis du Droit féodal, admirateurs du

Droit romain, tendirent à faire admettre des principes différents de ceux qui étaient en vigueur au début de la monarchie ; ils infusèrent ainsi un sang nouveau et vivifiant à notre législation. Le Parlement fit tous ses efforts pour réaliser autant que possible l'unité dans la législation et dans la procédure ; s'il n'y réussit pas (l'entreprise était difficile), du moins on lui doit la réunion et la rédaction des Coutumes, dont la plus importante, la Coutume de Paris, devint le Droit de tout le royaume pour les points sur lesquels les autres coutumes restaient muettes. Le Parlement fut enfin un des instruments les plus puissants de l'unité de la monarchie. « Ce fut l'institution des Parlements, dit Loyseau, qui nous sauva d'être cantonnés et démembrés, comme en Italie et en Allemagne, et qui maintint le royaume en son entier. »

Cette haute assemblée n'était pas seulement une Cour de justice chargée de résoudre les litiges et d'appliquer la loi ; elle eut aussi une grande part au pouvoir législatif. Ses arrêts formèrent une jurisprudence qui acquit une grande autorité, et dont on ne s'écartait guère devant les tribunaux inférieurs. Les rois en tinrent compte plus tard dans leurs grandes ordonnances sur divers points de la législation civile. Les arrêts de règlement avaient la même valeur qu'une loi : le Parlement rendait souvent des décisions de cette nature sur les points controversés ou douteux, et personne ne songea jamais à lui contester ce droit, même après que Louis XIV eût rendu les ordonnances qui réglaient de nombreuses matières relatives au Droit civil, à la procédure, au commerce, etc.

Avec le temps, il éleva d'autres prétentions et acquit une influence considérable dans le domaine politique, au moyen du droit d'enregistrement qu'il s'attribua. Les rois favorisèrent d'abord ces tendances ; la grande popularité du Parlement leur permettait de faire, sous son nom, des actes qu'ils n'auraient osé faire seuls et qui, sanctionnés par cette assemblée respectée, étaient accueillis avec faveur. C'était aussi pour le souverain un moyen d'éluder la nécessité de convoquer les Etats-Généraux.

Du reste, pendant longtemps, le Parlement, se souvenant de son origine, se montra entièrement soumis aux volontés royales ; il avait travaillé lui-même efficacement à l'établissement du pouvoir absolu ; ses premières remontrances ne furent souvent qu'une sorte de comédie préparée par le roi, qui voulait paraître n'agir que suivant ses conseils et comme contraint et forcé. Mais quand le Parlement se fut affranchi de la puissance royale, il montra une grande indépendance, et se servit du droit d'enregistrement pour résister énergiquement à l'autorité et au bon plaisir du prince. Chaque loi nouvelle devait être enregistrée par un arrêt : si le Parlement la désapprouvait, s'il la jugeait contraire à l'intérêt général, il adressait au roi des remontrances, humbles dans la forme, énergiques au fond, et finalement il refusait de l'inscrire sur ses registres. Le roi pouvait bien sans doute briser ses résistances ; il pouvait, par la tenue d'un lit de justice, ordonner l'inscription, malgré le Parlement ; mais c'était toujours chose grave que d'entrer en lutte avec une assemblée puissante et populaire ; le roi ne s'y décidait que lorsque les plus grands intérêts de la monarchie lui paraissaient en jeu.

On comprend qu'en possession d'un droit d'une telle importance politique, le Parlement ait pu se trouver mêlé à toutes les luttes qui ont divisé l'ancienne France : luttes de la royauté contre la féodalité au Moyen-Age ; luttes religieuses au XVIe siècle ; luttes de la Ligue et de la Fronde ; querelles des jansénistes. Louis XIV abaissa ses prétentions et anéantit son indépendance ; mais on sait combien sa résistance aux ordonnances et aux édits royaux fut énergique sous les règnes de Louis XV et de Louis XVI, jusqu'à la Révolution, qui le supprima. Pendant toute cette période, le Parlement s'efforça de jouer non le rôle d'une haute Cour de justice, qui était le sien, mais celui d'une assemblée politique, qui ne lui appartenait pas.

Aux attributions importantes dont je viens de parler, le Parlement en joignait d'autres qui, quoique d'un ordre inférieur, ne laissaient pas que d'accroître encore son influence. C'etait, dans l'ordre administratif, la connaissance des mesures de douane, de l'établissement et de la police des foires et marchés, du contrôle des métiers, de l'organisation des corporations, de la réglementation de l'apprentissage, des tarifs des marchandises et denrées, des expropriations pour cause d'utilité publique, des impôts nouveaux, des malversations, des confiscations, des érections de terres, des créations d'offices. Le Parlement connaissait encore de l'entretien et de l'exploitation des forêts, canaux, rivières, mines, du dessèchement des marais, etc. Il prenait aussi une part à l'administration de Paris, intervenait activement dans les affaires de l'Université et dans toutes les matières religieuses ; surveillait l'imprimerie, la librairie, le théâtre et frappait sévèrement les publications clandestines. Nous ne pouvons entrer dans les détails de ces attributions si nombreuses et si variées, étrangères à l'administration de la justice ; il nous suffira de les avoir énumérées.

# CHAPITRE VIII

Lorsque les causes attribuées à la justice du roi furent devenues plus nombreuses, on sentit le besoin de créer de nouveaux tribunaux pour remplacer et décharger la Cour souveraine du roi. Philippe-Auguste institua les grands baillis, pour rapprocher la justice du justiciable, et augmenter l'influence royale dans les provinces. Ces juges avaient sous leur surveillance tous les juges royaux du ressort, ainsi que les juges seigneuriaux et municipaux ; ils connaissaient des appels de ces diverses juridictions inférieures. Par des empiètements successifs, qui augmentèrent leur compétence, ils contribuèrent beaucoup à étendre la justice royale.

Dans le midi, les baillis étaient remplacés par les grands sénéchaux, dont les attributions étaient les mêmes et qui n'en différaient que par le nom ; les premiers furent établis en Languedoc.

Au-dessous de ces juridictions, il y avait des juges inférieurs, qui portaient en général le nom de prévôts, quelquefois celui de petits baillis ; dans quelques provinces on les appelait viguiers. Ils étaient subordonnés aux grands baillis.

Sans nous étendre sur les attributions de ces divers juges royaux, il nous suffira de dire un mot de leur

recrutement. Primitivement, les baillis étaient nommés
par le roi ; ils ne pouvaient être maintenus plus de trois
ans dans un même bailliage. Philippe le Bel décida qu'à
l'avenir ils seraient élus et institués par délibération de
son Grand-Conseil. Plus tard, l'édit de mars 1404 attribua
au Parlement le choix des baillis et sénéchaux.

Quant aux prévôts, nous savons déjà que c'étaient des
officiers d'un ordre inférieur, auxquels l'administration
de la justice était affermée moyennant une redevance.
Les seigneurs avaient donné les premiers l'exemple ; les
rois avaient fait de même, et il y eut un prévôt à Paris et
dans les principales villes du royaume. Le principe de
cette institution était détestable. Aussi Philippe-Auguste,
auquel on attribue également la création des baillis, donna
au prévôt des assesseurs, quatre hommes sages et de
bonne renommée, nommés par les baillis (testament
de 1190). Philippe le Bel (Ord. de mars 1302) voulut que
les prévôtés ne fussent vendues ou données à ferme qu'à
des personnes fidèles, capables et qui aient bon renom,
mais néanmoins bien solvables.

L'Ordonnance de 1560 avait une disposition ainsi conçue :
« Quant aux sièges subalternes et inférieurs, nos officiers
du siège où l'office sera vacant, s'assembleront dedans
trois jours ; et appelés les maires, échevins, conseillers,
capitouls de la ville, éliront trois personnes qu'ils connaî-
tront en leur conscience les plus suffisantes et capables,
qu'ils nous nommeront et présenteront, pour à leur nomination pourvoir, celui des trois qu'aviserons » (art. 39).
Mais cette disposition fort sage ne fut pas mise en pratique, et le roi continua de nommer les officiers de justice.

L'Edit de 1467 leur avait attribué le bénéfice de l'inamovibilité ; et plus tard la vénalité et l'hérédité des offices
s'étendirent aussi à ces fonctions subalternes.

L'Edit de janvier 1551 institua une nouvelle classe de

tribunaux ordinaires : les présidiaux. Ils avaient à la fois la juridiction civile et criminelle, et jugeaient soit en dernier ressort, soit à charge d'appel devant les Parlements. En matière civile, ils connaissaient sans appel de toutes les affaires dont l'intérêt n'excédait pas la somme de 250 livres ; au-dessus, ils ne pouvaient rendre qu'un jugement provisoire, réformable par le Parlement. En matière criminelle, ils jugeaient sans appel les brigandages sur les grandes routes, les vols à main armée, les vols avec violence et effraction, les révoltes, les rassemblements en armes, les crimes de fausse-monnaie, les attentats commis par les vagabonds, etc.

Leur création eut pour résultat de restreindre beaucoup la compétence des baillis. Des présidiaux furent établis dans toutes les villes où siégeait un Parlement, et dans celles un peu importantes qui n'étaient le siège ni d'un bailliage, ni d'une sénéchaussée. Du reste leur compétence a souvent varié : les Edits royaux tantôt l'augmentaient, tantôt la restreignaient, si bien qu'à la fin de la monarchie une grande incertitude régnait sur leurs attributions.

Les Edits de 1774, 1777, 1778 fixèrent leur compétence : désormais ils purent juger soit en première instance, soit en appel, les demandes qui n'excédaient pas la somme de 2,000 livres, tant en principal qu'en intérêts. Leur juridiction se maintint jusqu'en 1789.

Outre ces tribunaux ordinaires, il y avait dans l'organisation judiciaire de la France, avant 1789, une foule de juridictions extraordinaires ou d'exception. Un des plus grands vices de cette organisation était la multiplicité des Cours et des tribunaux, le nombre trop considérable des degrés d'appel. « Ce grand nombre de justices ôte au peuple le moyen d'avoir justice. » Nous n'entrerons pas dans l'étude de ces diverses juridictions ; elle nous entraînerait trop loin.

Pour donner une idée générale de cette organisation et montrer combien elle était compliquée, nous donnerons une énumération rapide des nombreuses juridictions qui, formées successivement depuis l'origine de la monarchie, se maintinrent jusqu'à la Révolution, avec des attributions plus ou moins étendues. Il y avait, au sommet de la hiérarchie, plusieurs Cours souveraines, issues de la Cour primitive du roi : le *Grand-Conseil* ou Conseil secret, tribunal administratif et Conseil d'Etat, mais qui jouait le rôle de Cour de cassation vis-à-vis des arrêts du Parlement rendus en violation des lois, et qui, par le droit d'évocation, avait une source féconde d'attributions judiciaires.

Le Parlement, Cour de droit commun, dont nous connaissons la compétence étendue. La Cour des Comptes, la Chambre du Trésor, la Cour des Monnaies, la Cour des Aides, séparées successivement de la Cour souveraine, et auxquelles furent données des attributions judiciaires relatives à la comptabilité des revenus des domaines royaux, à la fabrication des monnaies, à la perception des impôts indirects (aides, tailles, gabelle).

Au-dessous des Cours souveraines se trouvaient les juridictions royales non souveraines : les bailliages, les sénéchaussées, jugeant les affaires de droit commun en première instance ou en appel. L'amirauté, avec une certaine compétence judiciaire dans quelques provinces maritimes. Le grand-maître des eaux et forêts, connaissant des contraventions et délits relatifs au règlement et à la police des eaux et forêts.

Au-dessous, il y avait les juridictions royales inférieures (Prévôtés), dont les décisions pouvaient être portées en appel devant les justices royales non souveraines.

A côté des juges royaux s'élevaient, dans beaucoup de provinces, les justices seigneuriales, dont les dernières ne disparurent qu'à la Révolution ; les justices municipales, les tribunaux ecclésiastiques.

Chacune de ces juridictions avait sa compétence personnelle et territoriale. Les juges royaux étaient souvent placés dans des lieux sur lesquels le roi n'avait pas autorité entière, dont une partie était sous la juridiction d'un ou de plusieurs seigneurs, ou sous une juridiction municipale : de là des disputes sur les limites du territoire juridictionnel ou sur le caractère et l'étendue de la compétence ; de là des contestations, des frais, des lenteurs, un grand préjudice pour les plaideurs.

Nous croyons en avoir dit assez sur l'organisation judiciaire de l'ancienne France. Le grand principe sur lequel toute cette organisation repose, est celui que les légistes firent prévaloir au XIIe siècle : toute justice émane du roi. Les magistrats préposés à son administration la rendent au nom du roi ; ils ne sont que ses représentants, ils ne font que le remplacer. La division des pouvoirs n'était pas soupçonnée à cette époque ; le roi possède la plénitude de la souveraineté ; c'est lui qui fait la loi, c'est lui qui juge ; il n'y a pas d'autorité législative, ni d'autorité judiciaire distinctes. La Révolution, s'inspirant des idées que Montesquieu avait fait connaître à la France, vint reconstituer le pouvoir judiciaire sur des bases tout à fait nouvelles, et d'après des principes tout différents.

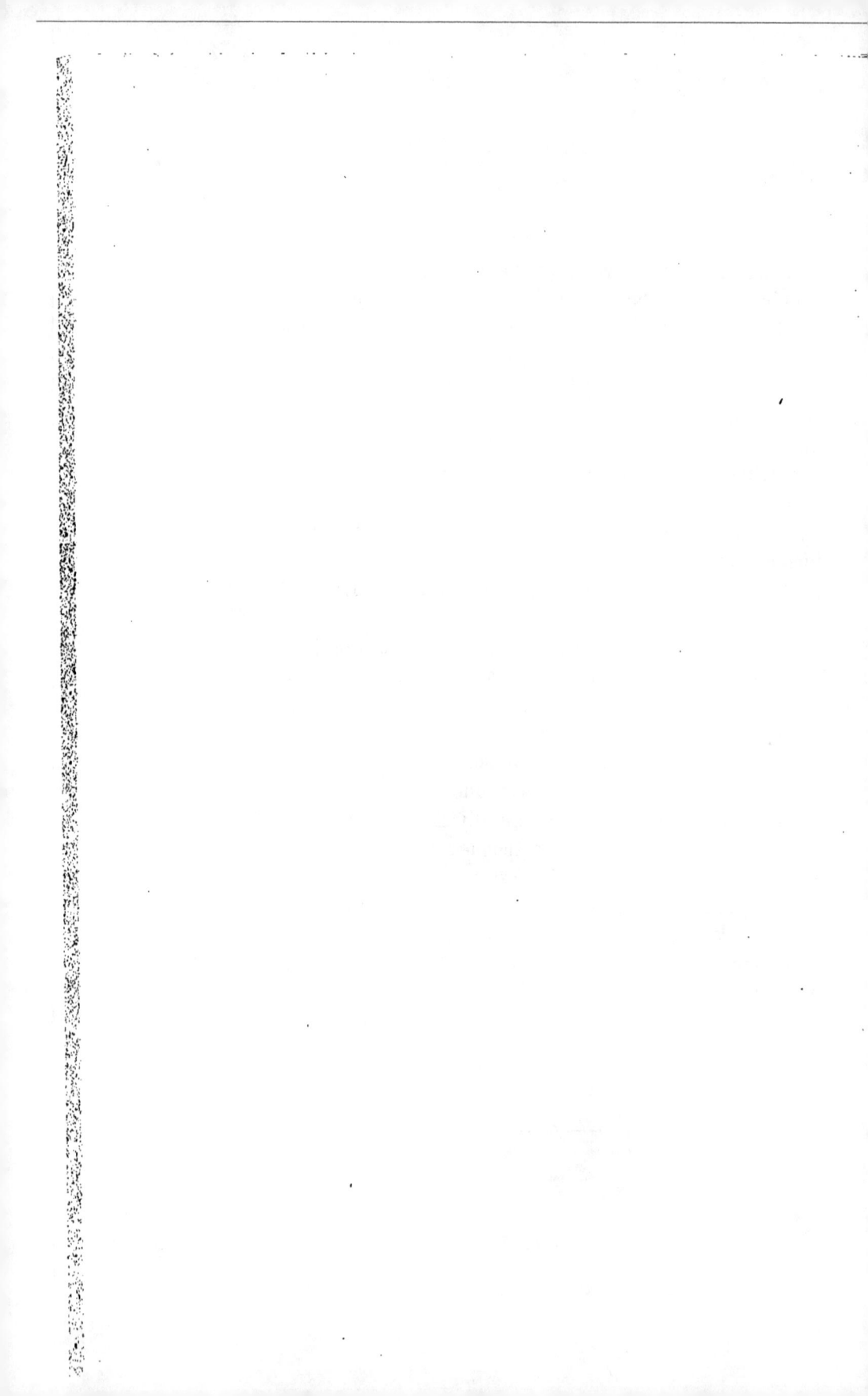

# TROISIÈME PARTIE

---

# LE POUVOIR JUDICIAIRE

D'après le Droit constitutionnel moderne.

---

## CHAPITRE PREMIER

### NATURE ET FONCTIONS DU POUVOIR JUDICIAIRE

Au début de cette étude se pose une question très controversée, dont la solution domine toute la matière. L'autorité judiciaire est-elle un pouvoir distinct et séparé du pouvoir exécutif, ou n'est-elle qu'une branche autonome et indépendante de ce pouvoir? L'examen de cette question nous amènera à parler des fonctions du pouvoir judiciaire.

Montesquieu admet, dans chaque Etat, trois sortes de pouvoirs : la puissance législative, la puissance exécutrice des choses qui dépendent du Droit des gens, la puissance

7

exécutrice de celles qui dépendent du Droit civil... On appelle cette dernière la puissance de juger, et l'autre, simplement, la puissance exécutrice de l'Etat (1). Reçue comme vérité fondamentale du Droit constitutionnel, cette doctrine était universellement admise ; depuis quelques années commence à se répandre en France une opinion qui ne distingue que deux pouvoirs et refuse de reconnaître comme un troisième pouvoir la justice, qu'elle confond dans l'exécutif.

Voici résumés, en peu de mots, les principaux arguments sur lesquels s'appuie cette doctrine, que nous ne pouvons admettre.

Une analyse exacte ne permet de distinguer que deux grandes fonctions dans l'Etat : vouloir et agir, faire la loi (rôle du pouvoir législatif), en procurer l'exécution (rôle du pouvoir exécutif). Toutes les fonctions politiques se réduisent à ces deux actes; on n'en peut trouver d'autres. Le pouvoir exécutif se divise en deux branches : l'autorité administrative ou exécutive proprement dite, et l'autorité judiciaire. Mais le but et les attributions de ces deux autorités sont les mêmes ; au point de vue philosophique, on ne peut découvrir entre elles aucune différence essentielle. Sans doute, l'autorité judiciaire doit être indépendante du gouvernement et de l'administration ; le juge a besoin de cette indépendance pour bien remplir sa mission particulière ; aussi a-t-on entouré la justice d'institutions destinées à la mettre à l'abri des influences possibles du pouvoir politique. Mais ce n'est pas à l'organisation pratique de l'autorité judiciaire, mais à la nature essentielle de ses fonctions qu'il faut s'attacher : or, on ne peut nier que la justice, comme le gouvernement et l'administration, procure l'application et l'exécution de la loi, quoique dans une sphère à part et d'une manière un peu différente.

(1) *Esprit des Lois*, xi, 6.

Telle est, en résumé, la doctrine qui confond les deux grands pouvoirs de l'Etat : l'exécutif et le judiciaire (1). Elle ne me paraît pas exacte, et je crois qu'il vaut mieux s'en tenir à la doctrine, traditionnelle depuis Montesquieu, des trois pouvoirs. La théorie que je repousse a pu être vraie à une certaine époque, lorsque la justice émanait réellement et directement du chef de l'Etat, lorsque les fonctions judiciaires étaient dans les mains du roi. De nos jours, ces fonctions ont été nettement séparées des fonctions administratives ; elles sont remplies par des juges inamovibles, indépendants du chef de l'exécutif ; et, à mesure que la nature de l'autorité judiciaire a été mieux connue, cette indépendance a augmenté ; c'est ainsi que les conflits, jugés autrefois par le chef du pouvoir exécutif en conseil d'Etat, le sont aujourd'hui par un tribunal supérieur. Les efforts des publicistes ont toujours tendu et tendent encore à donner une indépendance de plus en plus grande aux agents du pouvoir judiciaire ; et toutes les nations civilisées ont cherché à réaliser dans la pratique le principe de la division des trois pouvoirs. Il est, en effet, de l'essence de tout gouvernement constitutionnel que les organes de l'autorité judiciaire soient distincts et indépendants, autant que cela est possible, sans porter atteinte à l'unité de l'Etat, des organes du pouvoir exécutif (2). Et cette distinction dans les organes correspond à une différence très réelle dans les fonctions. Voyons quelles sont ces

(1) On peut voir, en ce sens, les auteurs qui suivent : Mirabeau, *Disc.*, 16 juil 1789 ; Cazalès, *Disc.*, 7 mai 1790 ; Mably, *Des droits et des devoirs des citoyens*, 7ᵉ lettre ; H. de Pansey, *Autorité judiciaire en France*, t. I, 171, s. ; Macarel, *Elém. de Droit politique*, 160 ; Bonjean, *Des Actions*, I, 27, s. ; Aubry et Rau, *Droit civil français*, t. I, 154 ; Aucoc, *Conférences sur l'administration et le Droit administ.*, 2ᵉ éd., I, 50 ; Serrigny, *Organis. et compét. administr.*, t. I, 17, s., 22, s. ; Saint-Girons, *Manuel de Droit constitutionnel*, ch. XII ; Casanova, *Lezioni del Diritto costituzionale*, p. 385, s., etc., etc.

(2) V. à ce sujet, Montesq., *Esprit des Lois*, V, 14.

fonctions, et quelle différence les sépare de celles des deux antres pouvoirs.

Le pouvoir judiciaire est chargé d'interpréter et d'appliquer la loi aux càs douteux qui lui sont soumis ; il doit dire le droit dans les contestations qui s'élèvent entre particuliers ou entre un particulier et l'Etat, et il termine ces contestations, il fait cesser le doute en déclarant quelle est celle des parties qui a raison suivant la loi. Il a donc pour mission de garantir, d'assurer au sein de la société le règne de la justice ; sans lui, il n'y aurait aucun moyen de terminer régulièrement et pacifiquement les litiges ; les hommes seraient dans un état permanent de guerre violente ; ils n'auraient d'autre ressource, pour faire reconnaître et respecter leurs droits, que l'emploi de la force. Chacun se ferait justice soi-même, ce qui serait la destruction de l'ordre et de la société. Mais ce n'est pas seulement entre les citoyens que la lutte est possible ; elle peut s'élever aussi entre le citoyen et l'Etat : entre l'Etat, qui veut appliquer rigoureusement un décret ou une loi, et le citoyen qui résiste, parce qu'il y a doute sur la loi ou le décret. Ici encore, l'autorité judiciaire intervient, et, gardienne des droits des citoyens et de la liberté civile, elle vient dire de quel côté est le droit. La mission de faire régner la justice au sein des sociétés est grande et noble : « Cette fonction d'exprimer au milieu des hommes les oracles du droit éternel, constitue un véritable sacerdoce ; elle a, elle doit avoir un caractère religieux. Les hommes ne pourront jamais l'entourer d'assez de respect (1). »

Le caractère du pouvoir judiciaire diffère beaucoup de celui des deux autres pouvoirs. On peut résumer ces différences en deux mots : la justice n'a ni la *généralité,* ni l'*initiative.* Elle ne statue jamais spontanément, ni par voie de mesure générale. Tandis que les actes législatifs

(1) J. Simon, *Lib. pol.,* ch. iii, § 3, p. 186.

et administratifs sont formés et publiés spontanément, et par l'initiative propre des organes des deux pouvoirs, pour agir, la justice a besoin d'être saisie, et les sentences judiciaires ne sont rendues qu'à suite de l'action mise en mouvement par les parties. La loi, le décret, l'ordonnance, sont des dispositions générales qui s'appliquent à tous, obligent tous les citoyens d'un pays ; le jugement est relatif, son effet se restreint aux parties contendantes et au procès dans lequel il est intervenu ; il n'oblige pas dans une autre contestation, même identique. Les deux autres pouvoirs prévoient les difficultés qui peuvent s'élever au sein de la société ; ils règlent l'avenir et leur action précède les faits : le pouvoir judiciaire tranche et règle les difficultés qui se sont déjà élevées ; il a pour mission de liquider le passé et son action suit les faits.

Outre ces différences fondamentales, il en existe d'autres moins importantes : la loi peut être abrogée, l'acte administratif rapporté ; le jugement passé en force de chose jugée est irrévocable. Le législateur et l'administrateur doivent, dans leurs actes, sans jamais violer la justice, se préoccuper beaucoup de l'utilité et de l'opportunité ; le juge doit faire régner la justice, telle qu'elle résulte de la loi. Les uns n'ont pas de motifs à donner des décisions qu'ils prennent, l'autre ne peut rendre une sentence qu'en la motivant.

On ne peut faire de la justice une branche du pouvoir exécutif. Le pouvoir judiciaire n'exécute pas la loi : il prépare sans doute cette exécution, en déclarant quelle loi doit être appliquée au cas particulier qui lui est soumis, et comment elle doit être appliquée. Mais là se borne son rôle ; pour procurer la réalisation de ses commandements, il doit s'adresser aux agents du pouvoir exécutif, qui ont seuls la puissance d'exécuter la loi (1).

(1) On cite en faveur de la doctrine des trois pouvoirs : Montesquieu,

La doctrine qui reconnaît seulement deux pouvoirs est donc inexacte, puisqu'elle fait une analyse incomplète des fonctions de l'Etat. Elle est de plus dangereuse, car sa conséquence logique est de faire des magistrats de simples employés du gouvernement, des commis de l'administration, sans aucune indépendance. Il est vrai que cette conséquence rigoureuse est repoussée par la plupart des partisans de cette théorie, qui croient « que les garanties d'une justice impartiale et éclairée peuvent se concilier avec l'une ou l'autre théorie (1) », et qui réclament l'indépendance complète du juge. La question a donc en réalité peu d'intérêt pratique, puisque dans les deux opinions le principe de la liberté de la justice est hors de controverse. C'est une question purement scientifique, qu'il importe cependant de résoudre au point de vue des principes, car les erreurs de principes conduisent fatalement à d'autres erreurs plus dangereuses.

Pour compléter l'étude des fonctions du pouvoir judiciaire, nous allons étudier son rôle et ses attributions au regard des actes des deux autres pouvoirs.

### Fonctions du pouvoir judiciaire vis-à-vis du pouvoir législatif.

Chargé d'interpréter et d'appliquer la loi, le pouvoir judiciaire est soumis au législatif. Il doit appliquer la loi et rien que la loi. Un vieil aphorisme a traduit cette obligation en disant que le juge devait se prononcer

*Esprit des lois*, xi, 6. — Rossi, *Cours de dr. constitut.*, 93e leçon, t. IV, 241, s. — Rozy, *Des divisions du pouvoir*, 35, s. — G. Humbert, *Revue critique de législation*, 1877, 537, suiv.; Discours à la Chambre des députés, 8 juin 1882, etc.

(1) **Aucoc**, *Confér. sur l'admin. et le Dr. admin.*, I, 50.

*secundum legem, non de legibus.* Le juge doit appliquer toute la loi, et la loi telle qu'elle est ; il ne peut refuser d'appliquer une loi sous prétexte qu'elle est injuste, inopportune, contraire à l'utilité sociale, que, dans le cas dont il s'agit, ellle lèserait les droits d'un citoyen, ou même de l'Etat : *dura lex, sed lex.* Le législateur seul peut abroger ou modifier les lois.

Le juge ne doit appliquer que la loi : il ne crée rien, il se borne à rechercher quelle est, dans la question qui lui est soumise, la loi à appliquer ; il dit où est le droit dans ce cas particulier ; mais sa décision n'est pas obligatoire pour tous ; elle est sans influence sur la solution des litiges semblables qui se présenteront devant lui. Les arrêts de règlement étaient un empiètement du pouvoir judiciaire sur le législatif : ils sont interdits (art. 8, C. c., 127, C. pén.). Le juge ne peut critiquer ni censurer la loi, ni aucun acte du pouvoir législatif. (Const. 3 sept. 1791, ch. v, art. 8. — Cour de Cass., 13 juin 1879.)

Voilà donc dans quel sens le pouvoir judiciaire est subordonné au législatif. Mais dans ces limites et la sphère de ses attributions, il est absolument indépendant, et le législateur ne pourrait guider le juge dans son interprétation de la loi, ni lui dicter ses réponses. Quelquefois, dans des cas très rares, le juge supplée le législateur, quand la loi manque, est obscure ou contradictoire : il peut alors compléter la loi, concourir dans une certaine mesure à la formation du droit. Notre législation en fait même une obligation au juge (art. 4, C. c.). Mais le juge n'est pas pour cela tranformé en législateur, et sa décision ne vaut que pour le cas particulier dans lequel elle intervient, ce qui est un des caractères distinctifs de l'acte judiciaire.

*Fonctions du pouvoir judiciaire vis-à-vis de
l'exécutif.*

Le pouvoir judiciaire a encore ici pour mission d'appli-
pliquer les actes administratifs (décrets, règlements, cir-
culaires) au cas qui lui est soumis, sans pouvoir se permettre la moindre critique, sans avoir à en apprécier les
inconvénients, le plus ou moins d'utilité ; mais autant
seulement que ces actes sont conformes aux lois et ne
dépassent pas la limite des pouvoirs attribués par la
constitution à l'exécutif. Il apprécie ces actes, il les juge,
et, sans jamais pouvoir les annuler, il peut et doit refuser
à ceux qui sont inconstitutionnels ou illégaux tout effet
juridique, ce qui en pratique équivaut à une annulation.
Ainsi le pouvoir judiciaire n'est pas seulement distinct et
indépendant de l'exécutif ; il lui est supérieur, il le domine
en jugeant souverainement ses actes, tandis que l'exécutif
n'a aucune action sur les jugements.

C'est sa mission la plus haute, la plus difficile à réaliser ;
c'est peut-être la plus utile aux citoyens, car, comme le
dit L. Palma, grâce à ce droit, le pouvoir judiciaire
soutient les droits des citoyens et de la société contre les
excès et les illégalités de ceux qui sont investis de la puissance publique ; il est le pouvoir modérateur de l'Etat, et
l'Etat, ainsi tempéré par le droit, devient le véritable Etat
constitutionnel.

Cependant, cette appréciation de la légalité des actes
de l'exécutif n'est pas possible pour tous : il y a des dis-
tinctions délicates à faire, qui donnent lieu aux difficultés
les plus graves en pratique, et sur bien des points la
jurisprudence a eu des hésitations.

On comprend que pour remplir sa mission, le juge ait

besoin de la plus entière indépendance ; il doit être soustrait à toute influence capable d'altérer son impartialité ;
il faut qu'il puisse, si cela est juste, donner gain de cause
au citoyen contre l'Etat. Malheureusement cette mission
a été souvent méconnue, et, aujourd'hui encore, il y a des
progrès à réaliser. On a souvent cherché des moyens
de briser les résistances de la justice aux actes arbitraires
du pouvoir : de là les tribunaux d'exception, les commissions composées d'hommes choisis, les évocations des affaires au Conseil privé du chef de l'Etat. De nos jours
ces mesures violentes ne sont plus à craindre ; mais la
sphère d'application du pouvoir judiciaire n'a pas encore
toute l'étendue désirable dans notre Constitution. La
crainte des empiétements du pouvoir judiciaire a fait prendre des mesures qui ont un peu dépassé le but. Tel était
cet art. 75 de la Const. de l'an VIII qui ne permettait de
poursuivre les agents du gouvernement devant les tribunaux qu'en vertu d'une autorisation du Conseil d'Etat.
Depuis longtemps cet article avait disparu des législations
étrangères qui nous l'avaient emprunté, et le décret du
19 septembre 1870 a réalisé une utile réforme. Malheureusement une jurisprudence très regrettable du tribunal
des conflits la rend presque illusoire.

Certaines affaires litigieuses sont du ressort des tribunaux administratifs, sous la dépendance du pouvoir exécutif. Il est à désirer que ces tribunaux soient supprimés,
et que la connaissance de tous les litiges soit rendue aux
tribunaux judiciaires. Cette réforme a été réalisée en Italie, et l'on s'en est bien trouvé.

Les tribunaux administratifs supprimés, il ne reste plus
de place pour un tribunal des conflits, dont l'organisation
est éminemment vicieuse. L'organisation d'un tribunal
spécial, supérieur à la fois à la juridiction civile et à la
juridiction administrative pour le règlement des conflits,

a cependant été un progrès ; autrefois le chef du pouvoir exécutif réglait lui-même tous les conflits en Conseil d'Etat; aujourd'hui c'est un tribunal où l'élément judiciaire est représenté ; mais cet élément y est en minorité. De plus, il y a une inégalité entre l'exécutif et le judiciaire, puisque l'administration a seule le droit d'élever le conflit devant les tribunaux de tous les degrés et de réclamer ce qu'elle croit lui appartenir ; la justice ne le peut pas.

Si l'on ne croyait pas pouvoir supprimer les tribunaux administratifs, du moins le tribunal des conflits devrait-il disparaître. Il n'existe pas en Belgique. « Il faudrait renoncer à instituer le conflit d'attributions et laisser se poursuivre, à la diligence des parties, le règlement des compétences entre les juridictions administratives et judiciaires, comme il se poursuit entre les juridictions criminelles et civiles, civiles et commerciales (1). »

Le droit de grâce est aussi un empiétement du pouvoir exécutif sur le pouvoir judiciaire ; mais il n'a pas de graves inconvénients.

Le pouvoir législatif, lui aussi, a certaines attributions judiciaires (art. 12, Loi 16 juillet 1875 ; art. 9, L. 24 fév. 1875); le Sénat, autrefois la Chambre des pairs, juge : les crimes commis par le président de la République et les ministres dans l'exercice de leurs fonctions ; les attentats commis par toute personne contre la sûreté de l'Etat.

On le voit, nos Constitutions se sont beaucoup préoccupées d'empêcher les empiétements du pouvoir judiciaire sur les deux autres pouvoirs ; elles n'ont pas veillé avec le même soin à empêcher les empiétements sur le pouvoir judiciaire.

---

(1) E Flourens, *Organ. judic. et admin. de la Fr. et de la Belg.*, p. 361.

# CHAPITRE II

Ce serait sortir du plan de cette étude que d'entrer dans de longs détails sur l'organisation de nos tribunaux, organes du pouvoir judiciaire. Ils sont connus de tout le monde. Cependant nous devons donner un aperçu général de cette organisation. Il y a en France, et c'est peut-être un des vices de notre organisation, deux catégories de tribunaux : des tribunaux administratifs et des tribunaux judiciaires. Ces derniers rendent seuls la justice proprement dite, c'est-à-dire celle qui émane du pouvoir judiciaire et la seule qui doive nous occuper.

La justice se divise en justice civile, comprenant la juridiction commerciale, et en justice criminelle ; à chacune de ces divisions correspond une catégorie distincte de tribunaux.

La justice civile règle les intérêts privés par l'application des lois civiles; elle connaît en conséquence des questions d'état, de propriété, de droits réels, d'obligations, etc. Trois sortes de tribunaux concourent à son administration : les juges de paix, les tribunaux de première instance, les Cours d'appel.

Les juges de paix jugent, soit en dernier ressort, soit à charge d'appel, les affaires de peu d'importance et d'un intérêt modique, qui leur sont attribuées spécialement par la loi (L. 25 mai 1838).

Les tribunaux de première instance jugent, soit en dernier, soit en premier ressort seulement, suivant leur importance, toutes les affaires que la loi n'attribue pas aux juges de paix. Ils connaissent aussi des appels dirigés contre les sentences des juges de paix (L. 11 avr. 1838).

A coté de ces tribunaux, chargés des affaires civiles, se trouvent, dans les villes commerçantes ou industrielles, des tribunaux de commerce chargés de toutes les contestations relatives aux affaires commerciales, et dont les attributions sont fixées par les lois spéciales (C. com., art. 615 à 648). Dans les arrondissements où ces tribunaux n'existent pas, la compétence commerciale est attribuée aux tribunaux civils.

Au-dessus des uns et des autres, est placée la Cour d'appel, qui juge les appels des tribunaux de première instance et de commerce.

Il y a un juge de paix dans chaque canton (Loi 16-24 août 1790, T. III, art. 1 et 2. Loi, 27 vent., an VIII, art. 2. Charte constit., art. 52); dans chaque arrondissement, un tribunal de première instance jugeant avec trois juges; vingt-six Cours d'appel pour toute la France, ne pouvant prononcer leurs arrêts qu'avec cinq conseillers au moins (L. 30 août 1883).

Au sommet de la hiérarchie, la Cour de cassation maintient sur toute la surface du pays l'unité de législation; sa mission principale consiste à annuler les arrêts ou jugements pour violation ou fausse application des lois. Elle ne forme pas un dernier degré de juridiction; en effet, elle ne juge pas le fond des affaires, elle annule seulement le jugement et renvoie la décision à une autre Cour ou à un autre tribunal. En cas de nouveau pourvoi fondé sur les mêmes moyens que le premier, la Cour statue toutes chambres réunies, et fixe définitivement le point de droit. Le renvoi devant une autre Cour ou tribunal, nécessaire encore, tend seulement à en faire faire l'application à la cause ; la Cour ou le tribunal n'est pas libre de juger dans un sens différent (Loi 1er avril 1837).

La justice criminelle est chargée de réprimer les faits coupables. Ces faits et les peines dont la loi les punit, se divisent en trois classes : 1° Les contraventions punies de peines de simple police ; 2° Les délits punis de peines correctionnelles ; 3° Les crimes punis de peines afflictives ou infâmantes (C. pén., art. 1, 6-9, 464-466). A chacune de ces trois classes correspondent des juridictions différentes : les tribunaux de simple police, les tribunaux correctionnels, les Cours d'assises.

La juridiction de simple police appartient au juge de paix dans son canton, et, dans une certaine mesure, au maire dans sa commune (C. instr. cr., art. 138, 139, 140, 166).

La juridiction correctionnelle appartient aux tribunaux de première instance, sous le nom de tribunaux correctionnels (C. instr. cr., art. 179). Ils connaissent des faits que la loi qualifie de délits, et des appels dirigés contre les sentences des juges de police ; leurs jugements peuvent toujours, sauf dans ce dernier cas, être frappés d'appel, lequel est porté devant une Cour d'appel (Instr. cr., 200 et 201).

La juridiction criminelle appartient à la Cour d'assises. Les assises chargées de la répression des crimes, se tiennent à époques périodiques (quatre fois par an) dans chaque département. Ce tribunal se compose de trois magistrats dont l'un, le président, est toujours un conseiller de la Cour d'appel délégué à cet effet ; les deux autres sont pris soit dans le sein de la Cour, soit parmi les membres du tribunal du lieu où siège la Cour d'assises (C. instr. cr., art. 252, 253. Loi, 10 avr. 1810, art. 16). L'inculpé n'est soumis au jugement de la Cour d'assises qu'à suite de renvoi devant cette Cour, prononcé par la chambre des mises en accusation de la Cour d'appel qui, après instruction dirigée contre l'accusé, a cru trouver des preuves ou des indices graves d'un crime.

La Cour d'assises juge avec le concours du jury, c'est-à-dire avec l'assistance de simples citoyens à qui la justice vient demander la pensée du peuple lui-même sur le crime qui a été commis et sur le trouble que ce crime a jeté au sein de la société. Les jurés statuent sur la culpabilité de l'accusé, c'est-à-dire sur le fait ; la Cour statue sur l'application de la peine, c'est-à-dire sur le droit. La déclaration du jury n'est soumise à aucun recours (C. instr. cr., art. 350 ; voy. cep. art. 352). L'arrêt de la Cour d'assises ne peut être attaqué que devant la Cour de cassation, toujours chargée, en matière criminelle comme en matière civile, de veiller à la juste application des lois et au maintien de l'unité de la législation française.

Toutes nos constitutions ont consacré le droit d'appel, c'est-à-dire le droit de recourir à un tribunal supérieur contre une décision rendue par un tribunal ou par un juge inférieur. « Ce recours a pour objet de faire réformer ou modifier la décision du premier juge, à raison des vices ou de l'injustice dont l'appelant la dit entachée ; de là cette expression d'Hermogénien : *Appellatio quidem, iniquitatis querela.* » (Fr. 17, IV, 4. — Dalloz, *Rec. de Jurispr.*, V. Appel.)

Ce droit d'appel est la première garantie du justiciable, la plus précieuse sauvegarde contre la passion, l'injustice ou l'ignorance dont tous les magistrats ne sont malheureusement pas exempts. Et cependant cette institution a rencontré des adversaires ; lors de la réorganisation de l'autorité judiciaire en France, en 1790, on agita la question de l'appel, et il se trouva des membres de l'Assemblée constituante qui, dans l'intérêt de la célérité de la justice,

firent tous leurs efforts pour faire repousser l'établissement de plusieurs degrés de juridiction. Leurs efforts
ont fort heureusement échoué, et la loi du 16 août 1790 a
maintenu le principe de l'appel, en établissant deux
degrés de juridiction. Tous les peuples civilisés ont également maintenu ce droit d'appel dans leurs constitutions ;
nous ne croyons pas qu'on doive le faire disparaître de la
nôtre.

Si l'appel présente des inconvénients, et ils sont peu
graves en somme, il offre d'immenses avantages : ce que
la justice gagnerait en célérité par la suppression du droit
d'appel, elle le perdrait en certitude. Combien de mauvais
jugements sont arrêtés et réformés par l'examen plus
attentif de la cause en seconde instance. Il est vrai qu'Ulpien disait que le juge du dernier degré pouvait réformer
des jugements bien rendus en première instance ; mais
Ulpien lui-même regardait comme nécessaire l'institution
de l'appel. Et d'ailleurs ce fait, qui serait très regrettable,
se présentera bien rarement, si le tribunal supérieur est
composé, comme il doit l'être, d'hommes plus instruits,
ayant une plus longue expérience des affaires, une plus
grande connaissance des lois que les juges du premier
degré. Ces qualités seront faciles à obtenir, si on ne
nomme aux sièges des Cours d'appel que des hommes ayant
une pratique déjà longue des fonctions judiciaires, ou
ayant déjà fourni une carrière brillante au barreau.

On objecte que les appels éternisent les procédures,
augmentent les frais et permettent aux plaideurs de mauvaise foi de prolonger indéfiniment les procès et de las-
ser leurs adversaires. Mais cet inconvénient n'existe pas
dans une bonne organisation ; il ne faut pas que les
degrés de juridiction soient trop nombreux ; deux suffi-
sent, comme dans notre organisation actuelle ; lorsqu'une
affaire a été examinée en première instance par trois

juges, én seconde par cinq, il y a des chances pour qu'on arrive à la vérité.

On pourrait supprimer l'appel, si les hommes n'étaient pas sujets à se tromper, s'ils étaient tous exempts de passion, de partialité, d'injustice. Tant qu'on ne sera pas certain que tous les hommes, tous les juges au moins, ont ces qualités, l'appel me paraît une garantie qui mérite d'être conservée. Cambacérès disait qu'il aimerait mieux vivre en Turquie que sous les lois de France avec un seul degré de juridiction. (Disc. sur la loi du 10 juin 1793 sur l'arbitrage forcé.)

La loi de 1790, qui consacre le principe, avait organisé l'appel sur des bases inacceptables : elle n'avait institué que des tribunaux de district, en les rendant juges d'appel les uns à l'égard des autres par le choix des parties. (Titre v.) L'assemblée avait été amenée à ce système par un amour exagéré et peu raisonné de l'égalité, et aussi par la crainte de voir s'élever des Cours de justice, héritières de la puissance et des prétentions des Parlements. Ce système était défectueux, car l'appel n'est efficace que si le tribunal où il est porté jouit dans l'opinion publique d'une autorité plus haute que celui de première instance; or les tribunaux de district ne pouvaient avoir d'autorité les uns à l'égard des autres. Aujourd'hui nous avons des Cours d'appel hiérarchiquement supérieures aux tribunaux de première instance. Ceux-ci sont à leur tour tribunaux d'appel vis-à-vis des juges de paix, qui constituent une juridiction inférieure.

# CHAPITRE III

## SECTION PREMIÈRE

*De l'esprit qui doit présider à ces réformes.*

Notre organisation judiciaire ne me paraît pas devoir être renversée et reconstruite sur des bases absolument nouvelles, comme quelques personnes le demandent : on peut seulement y apporter des améliorations. Depuis quinze ans, de nombreux projets de réformes ont été présentés ; plusieurs méritaient d'être adoptés ; aucun projet sérieux n'a abouti. Peut-être ces questions n'ont pas été abordées avec tout le calme nécessaire.

Une pensée doit dominer tous les essais de réforme : donner à la magistrature le plus d'autorité et d'indépendance possible : il faut que le magistrat possède la force d'une haute position sociale qui le mette à l'abri de toute crainte comme de toute ambition. La magistrature ne devrait pas être une carrière commencée à vingt-cinq ans, après des études juridiques plus ou moins sérieuses, mais plutôt le couronnement d'une vie occupée tout entière à l'étude pratique du Droit. Il faudrait ne choisir pour les

8

fonctions judiciaires que des jurisconsultes d'une grande valeur, ayant du talent, du savoir, de la réputation, ayant déjà conquis au barreau une haute situation. Mais pour pouvoir exiger ces rares qualités de tous les candidats, deux conditions sont nécessaires : le petit nombre des magistrats, des traitements élevés. C'est sur ces deux points que devraient porter surtout les réformes : nos magistrats sont trop nombreux, leurs traitements presque dérisoires.

## SECTION II

### Des Traitements.

Les conseillers à la Cour de Paris ont 11,000 francs, ailleurs 7,000 ; un juge de première instance touche à Paris 8,000 francs, ailleurs 3, 4 ou 6,000 francs, suivant l'importance de la ville où il siège. Un premier président de Cour d'appel a 18,000 francs.

En regard de ces traitements, on peut placer les riches appointements des juges anglais et américains.

Aux Etats-Unis, pays démocratique, les juges de la Cour suprême ont 50,000 francs, le président 52,500 ; les juges des Cours de circuit 30,000 ; ceux des Cours de district 25,000.

En Angleterre, les vingt-cinq juges de la Cour suprême ont des traitements qui varient de 125 à 250,000 francs ; ceux des Cours de comté, correspondant à peu près à nos tribunaux de première instance, touchent 37,500 francs.

Avec de pareils traitements on comprend que la magistrature anglaise se recrute parmi les avocats les plus éminents. Pour qu'un homme ayant une position brillante au barreau consente à l'abandonner, il faut qu'on lui offre, dans les fonctions judiciaires, une situation au moins équivalente ; il ne faut pas qu'il perde au point de vue pratique. Or, quel est l'avocat un peu occupé qui ne gagne beaucoup plus qu'un juge de première instance ou même qu'un conseiller de Cour d'appel? La loi du 30 août 1883 a réalisé un progrès en augmentant les traitements dans une certaine mesure, mais d'une manière insuffisante. Quant à la mesure dans laquelle les traitements pourraient être encore augmentés, c'est un peu une question de fait, pour laquelle il faudrait consulter l'état du budget.

## SECTION III

### Du nombre des magistrats.

Des traitements élevés ne sont possibles qu'avec un petit nombre de magistrats : notre système judiciaire en exige beaucoup. Cependant on pourrait faire quelque chose : la loi du 30 août a déjà pu supprimer plusieurs centaines de magistrats sans nuire au service. Nous en avons encore près de 5,000.

En Angleterre, l'administration de la justice n'occupe qu'un nombre très restreint de magistrats : on dit quelquefois qu'il y a seulement dix-neuf juges et quatre tribunaux, ce qui est exagéré et vrai seulement des juges supérieurs.

En France, cette réforme présente de sérieuses difficultés : on ne peut que supprimer dans chaque tribunal les magistrats qui ne sont pas strictement nécessaires. Des réformes plus complètes ne sont possibles qu'en bouleversant toute notre organisation judiciaire.

Beaucoup de tribunaux d'arrondissement sont peu occupés ou à peu près inoccupés : en 1880, cent ne jugeaient pas cent affaires civiles par an; à deux affaires par audience, cela ne fait pas cinquante jours d'audience par an; avec les affaires commerciales et correctionnelles, ce n'est pas un tiers de l'année occupé. Or, il y a des tribunaux qui ne jugent pas cinquante affaires par an, d'autres qui n'en jugent pas trente. On a dit que le magistrat inoccupé perd le goût de l'étude et gagne celui du changement. On a donc proposé la suppression de tous les tribunaux d'arrondissement, remplacés par un tribunal unique au chef-lieu du département. Mais cette réforme aurait le grave tort de changer les habitudes des justiciables, d'augmenter leurs frais et de leur faire perdre les avantages de la facilité des communications.

L'extension de la compétence des juges de paix, dans une large mesure, pourrait remédier à cet inconvénient, en rapprochant le juge du justiciable pour un plus grand nombre de cas. Malheureusement l'institution, telle qu'elle est organisée chez nous, n'offre pas toutes les garanties désirables : le juge de paix n'est pas inamovible; on n'exige de lui aucune condition de capacité; il n'a personne pour l'éclairer, ni avoué, ni avocat; enfin il juge seul. Ceci nous amène à parler de l'unité du juge, que beaucoup de personnes réclament en première instance.

# CHAPITRE IV

Le principe serait excellent, si les hommes les plus capables n'étaient pas susceptibles de se tromper, si les magistrats étaient au-dessus de toutes les passions. Il a ses avantages. Il individualise la responsabilité que le juge ne peut faire retomber sur un collègue; par là, il assure un examen consciencieux de l'affaire, une attention scrupuleuse au jugement.

L'institution du juge unique a fort bien réussi en Angleterre. Elle s'est même développée en France, où elle est le résultat de l'expérience : les prud'hommes assesseurs des juges de paix durent bientôt être supprimés, et l'institution des juges de paix a prospéré dans des conditions particulièrement défavorables. Ce qui prouve bien en faveur de l'unité du juge.

L'adoption du juge unique porterait aussi remède à un inconvénient que présente l'organisation actuelle de l'appel : les jugements étant rendus par trois juges et les arrêts par cinq conseillers, un plaideur peut perdre son procès, en ayant pour lui cinq magistrats, les trois juges et deux conseillers. Ce résultat est contraire au principe très rationnel, qui veut que la majorité des juges d'appel soit supérieure à l'unanimité des juges de première instance (Disc. de M. Grandperret, Sénat, 21 juil. 1883).

Malgré les avantages du juge unique, nous n'hésitons

pas à nous prononcer pour un collège de juges. La discussion dans laquelle, après les débats de l'audience, les magistrats se communiquent leurs impressions et leurs lumières, me paraît être une garantie de bonne justice. Mais s'il faut plusieurs juges, il ne faut pas un collège trop nombreux, pour ne point affaiblir la responsabilité, en la faisant reposer sur trop de têtes. Trois magistrats me sembleraient suffisants, même en appel.

## CHAPITRE V

### ASSISES CIVILES

Nous ne croyons pas qu'on puisse davantage introduire en France une autre institution empruntée aussi à l'Angleterre, celle des assises civiles ou de la justice ambulatoire. Tous les tribunaux d'arrondissement seraient conservés aux lieux où ils siègent actuellement, ce qui offre, entre autres avantages, celui de ne pas mettre la justice hors de la portée du justiciable dans certains pays, où les communications sont encore difficiles. Dans certains arrondissements très peuplés, comme Lille, Saint-Étienne, on pourrait même multiplier les circonscriptions judiciaires. Au siège de chaque tribunal, serait maintenu seulement un membre du ministère public et un juge d'instruction assisté d'un greffier ; ce juge aurait les fonctions de juridiction gracieuse du président, il répondrait aux requêtes, jugerait par défaut, expédierait les affaires urgentes et pourrait connaître de celles pour lesquelles les parties ne requéraient pas le renvoi devant les assises.

On conserverait les Cours d'appel actuelles, dont on pourrait augmenter le nombre des magistrats selon les besoins du service. Chaque conseiller serait délégué à tour de rôle pour faire tel ou tel circuit dans le ressort de la Cour; il se transporterait successivement et tiendrait ses audiences dans chaque circonscription judiciaire du circuit, allant ainsi, comme disent les Anglais, porter la justice à la porte de chaque citoyen. Le jour de l'audience serait connu assez longtemps à l'avance pour que les avoués et les avocats pussent se tenir prêts. Si le principe de l'unité du juge paraissait trop dangereux, on pourrait conférer à plusieurs juges de paix de l'arrondissement le titre de juges suppléants, et deux d'entre eux seraient chargés de siéger avec le juge en titre.

Les appels des jugements rendus en première instance seraient portés devant la Cour, qui jugerait avec trois juges; mais le conseiller ne pourrait siéger dans l'affaire dont il aurait déjà connu.

Ce système de la justice ambulatoire permet d'économiser un grand nombre de magistrats, sans nuire à la bonne administration de la justice, en permettant à un seul juge de faire la besogne de quinze ou vingt. Les Anglais s'en montrent très satisfaits. Il fonctionne aussi aux États-Unis.

En Angleterre, les Cours de comté comprennent cinquante-sept circuits, plus de cinq cents districts; il y a un seul juge par circuit, qui doit siéger au moins une fois par mois dans chaque district de son ressort. La Cour suprême de Westminster comprend huit circuits que les juges parcourent deux fois par an.

Aux États-Unis, l'organisation est analogue. Dans les deux pays, elle produit de bons résultats. Ce n'est pas un motif pour que les assises civiles réussissent chez nous. N'empruntons pas à nos voisins des institutions qui conviennent à leurs mœurs et qui étonneraient un peu les nôtres. Les populations s'habitueraient difficilement à cette justice ambulatoire, à ces audiences tenues entre deux trains. En 1790, le système fut proposé à la Constituante, et les bons esprits de l'assemblée s'élevèrent vivement contre ces juges chevaucheurs qui jugeraient le pied dans l'étrier, contre ces juges vagabonds, comme un orateur les appela. Je ne crois pas que la justice eût beaucoup à gagner à ces jugements rendus souvent à la hâte par des magistrats pressés de rentrer chez eux.

# CHAPITRE VI

## DU JURY ET EN PARTICULIER DU JURY CIVIL

Encore une institution propre à l'Angleterre, que le continent lui a empruntée en matière criminelle et qu'on propose d'étendre aux matières civiles et correctionnelles. Le jury fait concourir les citoyens d'une manière active et directe à l'administration de la justice.

Cette participation du peuple à la justice est fort ancienne : elle existait à Athènes et à Rome. Elle est dans les mœurs de l'Angleterre, où depuis fort longtemps a prévalu ce principe : *De facto respondent juratores, de jure judices.* Son origine se confond presque avec celle de la nation ; et la Grande Charte (1215) consacre le droit de n'être jugé que *secundum judicium parium suorum.*

La race anglo-saxonne a porté le jury en Amérique, dans plusieurs colonies anglaises; il a passé dans les constitutions modernes du continent.

Le jury a de nombreux admirateurs, mais il a trouvé d'ardents adversaires, et il faut reconnaître que, comme institution judiciaire, il ne mérite pas les éloges excessifs qu'on lui a décernés : il prête le flanc à de graves critiques, fort bien résumées dans le *Cours de Droit Constitutionnel* de L. Palma (T. II, ch. XIII, p. 530, s.; 539, s.). Est-il vrai, se demande-t-il, que le juré sorti du sein du peuple soit plus apte que le jurisconsulte à apprécier les faits dans un procès ? En appelant comme juges du fait des citoyens ne dépendant pas du gouvernement, assure-t-on mieux l'indépendance et l'impartialité des jugements? Les jurés sont-ils plus incorruptibles que les juges ? Sont-ils une garantie de liberté civile, une barrière à l'oppression ? Tous ces avantages sont au moins bien douteux. Entre le juré et le juge de profession, aucune comparaison n'est possible pour les connaissances juridiques. S'il est indépendant du pouvoir, il est, plus que le magistrat, soumis aux passions du peuple, d'où il sort et qu'il représente. Il y a en lui une foule d'éléments capables de corrompre l'impartialité de la justice : antagonisme des classes, luttes politiques, haines religieuses, et souvent il se fait le trop fidèle champion d'une idée ou d'un préjugé populaire.

Le jury se comprend à une époque barbare, où l'on peut supposer avec raison que les juges peuvent être corrompus et gagnés, ou bien dans un temps d'absolutisme gouvernemental, où l'on peut craindre qu'un pouvoir trop fort ne veuille user de son influence pour peser sur les jugements : le pouvoir trouverait alors un frein dans cette justice émanée du peuple, et le citoyen aurait une garantie sérieuse à n'être jugé que par ses pairs. Aussi, il est à remarquer que les despotes n'aiment pas le jury. Aujourd'hui, dans les Etats bien organisés, la liberté politique a des garanties plus sérieuses que le jury, facilement brisé, s'il gêne les volontés du pouvoir ; et l'intérêt de la justice nous paraît avoir plus à gagner à être rendue par des magistrats instruits et indépendants, que par des juges populaires, souvent ignorants et passionnés.

Un grand défaut du jury, c'est son irresponsabilité ; le juge, lui, est responsable de ses jugements devant un tribunal supérieur, Cours d'appel et de cassation ; le juré a le privilège de condamner ou d'absoudre, de refuser l'application de la loi, en déclarant la non-culpabilité de l'accusé, malgré ses aveux, malgré les preuves les plus manifestes, comme cela s'est vu quelquefois.

Il est vrai, et c'est pour beaucoup de publicistes son plus grand avantage, que le jury sert beaucoup à l'éducation politique du peuple et au développement de l'esprit public : « Je pense qu'il faut principalement attribuer l'intelligence pratique et le bon sens politique des Américains au long usage qu'ils ont fait du jury en matière civile. Je ne sais si le jury y est utile à ceux qui ont des procès, mais je suis sûr qu'il est très utile à ceux qui les jugent.(1). »

C'est là sans doute un résultat excellent ; mais il ne faut pas qu'il soit obtenu au détriment de la justice. Comme le dit un publiciste italien (Pisanelli, cité par Palma, t. II, p. 614), « il serait insensé de vouloir instruire les hommes par des expériences aussi dangereuses sur la vie, la liberté, l'honneur, la fortune des citoyens. »

Ces défauts du jury, que nous avons exposés en toute franchise, sont encore aggravés en matière civile. Il est bien difficile, souvent impossible, de séparer dans un pro-

(1) Tocqueville, *Démocr. en Amér.*, t. II, ch. viii, p. 184 ; Prévost-Paradol, *France nouvelle*, l. ii, ch. vii, pp. 171-172.

cès la question de fait de la question de droit : le juriste
le plus habile, le praticien le plus exercé aura toujours
beaucoup de peine à faire cette distinction ; la pratique
l'a démontré en Angleterre, et, malgré la grande habitude
et l'habileté des hommes d'affaires et des magistrats, on
est souvent obligé de se passer du jury devant les trois
Cours de droit commun.

En matière criminelle, les questions sont en général
moins délicates qu'en matière civile. Un seul danger est à
craindre, celui des erreurs qui pourraient amener la con-
damnation d'un innocent. Ce danger est grave ; mais il
est bien diminué par l'examen de la Chambre des mises
en accusation. D'ailleurs ce n'est point un excès de sévérité
qu'on peut reprocher à notre jury ; il pèche plutôt par trop
d'indulgence. Mais cette indulgence vaut mieux qu'une
injustice, elle ne lèse pas sérieusement les droits de la
société. Dans un procès civil, il faut déclarer de quel côté
se trouve le droit, quelle partie a raison ; l'indulgence n'est
possible qu'en lésant des intérêts individuels et des droits
respectables.

Les Anglais eux-mêmes commencent à ne plus se montrer aussi satisfaits de leur jury civil ; ils l'abandonnent
peu à peu. Le jury civil n'a plus aujourd'hui une grande
importance ; il n'y a pas deux affaires sur mille qui lui soient
soumises. Avec leur sens pratique, les Anglais en ont
reconnu les abus, et des jurisconsultes autorisés se sont
déclarés ouvertement ses adversaires (1). « Il a pour
résultat d'augmenter les incertitudes des procès, de donner aux plaideurs le moyen de soulever des difficultés de
procédure spéciale, et de permettre aux avocats de déna-

(1) Récemment un juriste anglais renommé, juge à la Cour suprême,
auteur de travaux estimés, a publié un véritable réquisitoire contre le juge
civil, *History of the criminal Law of England*, 3 vol., Londres, 1883, cité par
M. Saint-Girons.

turer les faits et d'employer des artifices qu'on n'oserait produire devant un juge... Aussi, presque toujours, on n'a recours au jury, dans les Cours de comté, que pour essayer de tromper la justice. » Ainsi s'exprime un juge anglais (1). Il ajoute : « Je ne puis considérer le système du jury, dans les procès civils, que comme une grande erreur, une absurdité. » L'appréciation est sévère et mérite d'être retenue venant d'un Anglais.

Je ne crois donc pas qu'il soit sage de vouloir l'introduire en France ; il y serait, d'ailleurs, peu populaire. Le jury criminel lui-même est à peine entré dans nos mœurs : ces fonctions sont peu onéreuses ; on cherche cependant à s'y dérober, et de fortes amendes ont dû être édictées pour assurer le service des assises. Que serait-ce avec le jury civil, qui exigerait des listes de citoyens autrement considérables ? On a calculé qu'à Paris il faudrait 1,000 jurés par quinzaine, 26,000 par an, une liste de 124,000 noms. Dans le Lancashire, la liste est de 44,000 noms.

Les tentatives faites pour faire admettre cette institution dans nos lois ont toujours échoué ; en 1791, il fut défendu à la Constituante par Duport et Barnave, et vivement combattu par Thouret, Mirabeau, Tronchet, Lanjuinais, qui le firent rejeter. Il ne fut pas plus heureux en 1793, avec Cambacérès pour défenseur. En 1849, Odilon Barrot, Tocqueville, Dufaure réussirent à le faire admettre dans le projet de constitution, mais il ne passa pas dans la constitution. Beaucoup de publicistes pensent que la justice rendue par jurés est le système de l'avenir et comptent sur le temps et la raison pour le faire admettre (V. de Broglie, *Vues sur le Gouvern. de la Fr.*, ch. III, pp. 116 et s.). L'adoption du jury résoudrait, selon eux, toutes les difficultés de la réforme judiciaire (J. Favre) ;

(1) Cité par M. Bertrand, *Bull. de la Soc. de législ. comp.*, 1873, t. II, p. 407.

elle s'impose à une démocratie comme la nôtre, car cette institution est conforme à ses aspirations, à ses besoins, à son principe même. La participation active et directe du peuple à toutes les fonctions de l'Etat est un des principes du gouvernement représentatif : la nation concourt au pouvoir législatif par la nomination des députés ; au pouvoir administratif, par la nomination des Conseils généraux et municipaux ; il est naturel qu'elle concoure aussi au pouvoir judiciaire.

Malgré tous les avantages que peut avoir le jury au point de vue politique, malgré les autorités qui, depuis Montesquieu, se sont déclarées en sa faveur, il nous paraît présenter trop de dangers pour être admis en matière civile. Le jury criminel est un fait, on ne peut songer à le faire disparaître, malgré les plaintes très vives élevées contre lui. Gardons-nous, du moins, d'une innovation dangereuse dont l'expérience ne saurait se faire qu'au détriment de la justice. « Le jury civil, dit M. Oscar de Vallée, ne sera jamais ni une idée française, ni une idée sensée. »

## CHAPITRE VII

APPENDICE A L'ÉTUDE DE L'ORGANISATION DU POUVOIR
JUDICIAIRE. — DU MINISTÈRE PUBLIC.

Nous devons dire un mot de l'importante institution du ministère public qui, bien que ne faisant pas partie du pouvoir judiciaire, lui est trop intimement liée et est trop rapprochée de lui pour être complètement passée sous silence dans ce travail.

Il y a, près de chaque tribunal de première instance, de chaque cour d'appel et de la Cour de cassation, des agents du pouvoir exécutif chargés de représenter la société ou le chef de l'Etat auprès des organes du pouvoir judiciaire et désignés sous les titres divers de procureurs de la République, procureurs généraux, avocats généraux, substituts du procureur de la République ou du procureur général. Ce sont les agents du ministère public.

En matière civile, leurs fonctions consistent principalement à prendre communication et à conclure, comme partie jointe, dans les affaires dont la communication est prescrite par la loi, notamment celles qui concernent l'ordre public, l'état des personnes, les intérêts des absents et des incapables. Le ministère public peut également prendre communication de toute autre affaire, s'il le juge convenable ; le tribunal peut même l'ordonner d'office (C. pr., art. 83).

Il agit d'office et comme partie principale dans les cas spécifiés par la loi. Il surveille l'exécution des lois et des décisions judiciaires ; il poursuit d'office cette exécution dans les dispositions qui intéressent l'ordre public (l. 20 avr. 1810, art. 46). En matière criminelle, son rôle consiste à requérir l'application de la peine fixée par la loi ; il est l'organe de la société qu'il est chargé de représenter.

Les fonctions du ministère public sont exercées, devant les tribunaux de simple police, par le commissaire de police, le maire ou son adjoint (C. instr. cr., art. 144), quelquefois par un conseiller municipal désigné par le procureur de la République. Devant les tribunaux correctionnels, elles sont remplies par le procureur de la République ou un substitut (l. 20 avr. 1810, art. 43). Devant la Cour d'assises, par le procureur général ou un de ses substituts, si les assises se tiennent au siège de la Cour d'appel ; ailleurs, par le procureur de la République ou un substitut du tribunal, à moins que le procureur général ne juge à propos, à raison de la gravité de l'affaire, de venir requérir lui-même (C. instr. cr., art. 252-253, 284). Il n'existe pas de ministère public devant les justices de paix ni les tribunaux de commerce.

Le ministère public, qui représente la loi, qui est chargé de la faire respecter et exécuter, est une des plus belles institutions des temps modernes. « Nous avons aujourd'hui une loi admirable ; c'est celle qui veut que le prince établi pour faire exécuter les lois, prépose un officier dans chaque tribunal, pour poursuivre en son nom tous les crimes ; de sorte que la fonction des délateurs est inconnue parmi nous. Dans les lois de Platon, ceux qui négligent d'avertir les magistrats ou de leur donner des secours doivent être punis. Cela ne conviendrait point aujourd'hui. La partie publique veille pour les citoyens ; elle agit et ils sont tranquilles. » Ainsi s'exprime Montesquieu, et Portalis dira plus tard : « Cette institution a préservé nos gouvernements modernes de cette foule de délateurs, devenus le fléau des familles et de l'Etat sous les empereurs de l'ancienne Rome ; qui, sur tous les divers points d'un vaste empire, donne un organe à la loi, un régulateur à la jurisprudence, un appui consolant à la faiblesse opprimée, un accusateur redoutable aux méchants, une sauvegarde à l'intérêt général, enfin une sorte de représentant au corps entier de la société. »

L'origine de cette institution est fort ancienne ; mais il serait difficile de fixer une date précise. Ce qui est certain, c'est qu'elle était inconnue à Rome, où elle fut longtemps remplacée par la classe des délateurs. Il faut plutôt chercher cette origine dans les institutions germaniques.

Peut-être le ministère public dérive-t-il de ces procureurs du roi ou des communes, qui existaient chez les Franks et qui étaient chargés de représenter la commune ou le roi auprès des tribunaux ; mais leur rôle se bornait, à l'origine, à veiller au recouvrement des amendes. Peut-être vient-il du Saïon, dont il est parlé dans les Capitulaires, qui forçait les coupables à comparaître devant le juge et exécutait les sentences rendues ; mais c'était plutôt un huissier chargé de l'exécution des sentences et jugements criminels qu'un magistrat représentant le prince.

Pour trouver un véritable ministère public, comme nous l'entendons aujourd'hui, il faut arriver au XIVe siècle. Il est alors définitivement constitué : nous voyons les avocats et procureurs du roi, chargés de représenter le souverain dans les causes où la présence du roi était usitée, dès que cette présence fut devenue difficile par l'établissement de plusieurs Parlements permanents et sédentaires. Dans l'article 15 de l'Ord. du 25 mars 1302, il est fait mention des procureurs du roi près les bailliages. Dans un arrêt de 1314, on voit qu'il existe déjà devant les Parlements. En 1329, Robert d'Artois est ajourné devant les Pairs à la requête du procureur du roi. Depuis, l'institution se développa et s'étendit à tous les tribunaux inférieurs, présidiaux, bailliages, sénéchaussées.

La Révolution, dès 1791, institua des accusateurs publics nommés à l'élection : chose curieuse, tandis que tous les magistrats étaient nommés à temps, eux étaient inamovibles. Ce fut une grave erreur de la Constituante que cette disposition, qui conférait aux membres du ministère public l'inamovibilité ; le ministère public est un agent du pouvoir exécutif, il remplit une fonction essentiellement exécutive. Cependant cette inamovibilité a trouvé des défenseurs, et elle a été proposée plusieurs fois, notamment lors de la discussion de la constitution belge. Elle existait avant 1789, mais comme conséquence de la vénalité des offices, et ne saurait être rétablie sans entraves pour la marche générale de la justice. La Constitution de l'an III supprima l'inamovibilité. L'Empire vint modifier profondément l'institution et la réorganiser complètement (Sénat.-Cons. du 28 flor. an XII. L. 20 avril 1810). C'est encore l'organisation actuelle.

L'Angleterre ne connaît pas l'institution du ministère public : le soin de poursuivre les crimes est remis aux particuliers; l'Etat est représenté devant les tribunaux par un simple citoyen, l'avocat de la reine. Ce système serait impraticable en France, et les Anglais eux-mêmes comprennent l'excellence de cette institution ; ils ne sont peut-être pas loin de nous l'emprunter.


# CHAPITRE VIII

## RECRUTEMENT DES JUGES EN FRANCE DEPUIS LA RÉVOLUTION


Nous abordons avec la grande question du recrutement des juges la partie la plus importante et la plus intéressante au point de vue pratique de tout notre sujet. Elle a toujours préoccupé particulièrement, passionné même, les publicistes, les hommes politiques, le législateur ; dans ces dernières années surtout, elle a été l'objet d'importants débats devant nos Assemblées législatives ; la discussion est loin d'être définitivement close : le mode de recrutement des juges peut, d'un jour à l'autre, être remis en question.

Cette question est, disons-nous, la plus importante de notre sujet, puisqu'il s'agit de rechercher un mode de recrutement qui procure un corps de magistrats indépendants et capables, et par conséquent une bonne justice. Il est aussi peu de questions sur lesquelles on s'accorde moins. En France, le recrutement des magistrats a souvent varié, comme nous le montrera un court exposé historique de la question depuis 1789.

L'Assemblée constituante abolit, dans la nuit du 4 août, les restes du régime féodal et les dernières justices seigneuriales. Elle supprime la vénalité des offices de judicature (1). Le 24 mars 1790, elle décide que l'ordre judiciaire sera reconstruit en entier, et sur des bases nouvelles ; une discussion mémorable s'engagea sur les principes de la nouvelle organisation, et l'Assemblée, à l'unanimité, repoussa la nomination par le pouvoir exécutif seul. Deux systèmes restaient en présence : la nomination par le roi sur des listes de présentation, et l'élection par le peuple. Ce mode de recrutement fut adopté à une faible majorité (503 voix contre 450). Le système des listes de présentation par trois classes de personnes, les juges, les représentants des populations et les hommes de loi, faisaient partie du projet de la commission présenté par Thouret, et c'est comme amendement que l'élection fut proposée. Le décret des 16-24 août 1790 organise l'élection à deux degrés, impose des conditions d'âge (30 ans) et de cens assez rigoureuses. Le décret des 7-11 sept. 1790 déclare supprimés tous les anciens tribunaux.

La Convention décrète le renouvellement intégral des corps judiciaires, et supprime toutes les conditions d'éli-

_____

(1) Décr. des 4 août - 3 nov. 1789.

gibilité, déclarant que le peuple peut choisir tout citoyen ayant 25 ans, et n'étant ni serviteur, ni mendiant (Décr. 22-25 sept. 1792).

La Const. de 1793 supprime les juges, qu'elle remplace par des arbitres publics, élus pour un an. Mais l'Assemblée, malgré la Constitution, nomme elle-même de nombreux juges. Le décret du 14 vent. an III donne cette nomination au comité de législation.

La Const. du 5 fruct. an III revient aux conditions d'éligibilité de la Constituante, dont les abus de la période précédente avaient montré la nécessité.

La Const. de l'an VIII change tout le système inauguré en 1790 ; les juges, autres que les juges de paix, conservent leurs fonctions toute leur vie, à moins qu'ils ne soient condamnés pour forfaiture, ou qu'ils ne soient pas maintenus sur les listes des notables (art. 68). Les juges de paix sont élus pour trois ans par les électeurs de chaque arrondissement (art. 60). Les autres juges, criminels et civils, et ceux de cassation, sont nommés à vie par le premier consul, qui doit les choisir, les juges de première instance et d'appel sur la liste départementale, les juges de cassation sur la liste nationale. Une part est encore laissée à l'élection ; mais un principe nouveau est introduit, l'inamovibilité. Inamovibilité purement théorique, que l'Empire méconnut souvent.

Le Sénat.-Cons. du 16 therm. an X attribue au Sénat le choix des membres du tribunal de cassation sur la présentation de trois noms faite par le premier consul ; il confère au premier consul la nomination des juges de paix, sur la désignation de deux candidats par l'Assemblée du canton.

Le Sén.-Cons. du 12 oct. 1807 donne à l'empereur le droit de révoquer les magistrats qui lui seront signalés pour leur incapacité, leur inconduite ou des actes déro-

geant à la dignité de leurs fonctions ; soixante furent
ainsi révoqués. Pour l'avenir, l'inamovibilité ne serait
conférée que cinq ans après l'exercice des fonctions de
juge. En 1808, en 1810, il y eut encore des épurations.
L'inamovibilité écrite dans la Constitution n'était qu'une
dérision.

La Restauration fut bien accueillie de cette magistrature impériale si bien épurée cependant. La Charte consacrait l'inamovibilité, mais seulement pour les juges
nommés par le roi (art. 58). En vertu de cette disposition,
quelques exclusions furent faites en 1814 et au commencement de 1815, ce qui aliéna beaucoup d'esprits au nouveau gouvernement, et ce ne fut que le 15 févr. 1815
qu'une ordonnance donna l'investiture à la Cour de cassation.

Quelques jours après, Napoléon revenait de l'île
d'Elbe ; la magistrature l'accueillit comme le protecteur
de l'inamovibilité violée. Mais un de ses premiers actes
fut le décret suivant, rendu à Lyon le 17 mars 1815 :
« Considérant que, par les Constitutions de l'Empire, les
membres de l'ordre judiciaire sont inamovibles, il est
décrété que tous les changements arbitraires opérés dans
les Cours et tribunaux sont non-avenus. » Peu après,
l'acte additionnel ajournait jusqu'au 1er janvier 1816
l'inamovibilité pour les juges qui étaient conservés.

La seconde restauration procéda à de nombreuses épurations ; un cinquième environ des magistrats fut exclu..
Aux mois de septembre et octobre 1815, l'investiture fut
donnée aux divers tribunaux, et l'inamovibilité définitivement consacrée. Depuis cette époque, ce grand principe a
eu à subir bien des attaques.

La Chambre introuvable vote la suspension de l'inamovibilité pendant un an, et confie à une commission de
députés le soin de procéder à une épuration générale

(proposition Hyde de Neuville). Vivement combattu par l'opposition libérale, ce projet fut rejeté par la Chambre des pairs, d'accord avec le ministère, par 91 voix contre 44 (19 déc. 1815). La magistrature inamovible montra une grande indépendance dans les dernières années de la Restauration.

Après la Révolution de Juillet, l'inamovibilité fut consacrée dans la Charte (art. 89) malgré la gauche, qui voulait y introduire une promesse d'épuration générale. On imposa seulement aux magistrats le serment, que quelques-uns refusèrent. Les autres furent conservés, malgré les vives protestations de quelques barreaux, et l'investiture fut donnée à tous.

En 1848, grave atteinte portée à l'inamovibilité : une circulaire de Ledru-Rollin autorisait les commissaires du gouvernement à suspendre et révoquer les magistrats qui se montreraient publiquement hostiles au nouvel ordre de choses. Un décret du 17 avril 1848 déclarait l'inamovibilité incompatible avec le gouvernement républicain, et décidait que, jusqu'au jour où l'Assemblée serait appelée à se prononcer sur l'organisation judiciaire, le ministre de la justice pourrait suspendre ou révoquer les magistrats.

Le comité de constitution avait introduit d'importantes réformes : le jury civil, l'élection des juges de paix par le suffrage universel, la nomination des autres juges par le pouvoir exécutif sur des listes de présentation. Mais tous ces projets furent abandonnés et l'inamovibilité consacrée dans la Constitution du 4 novembre 1848, art. 87. Après une tentative faite le 17 mars 1848 pour suspendre l'inamovibilité pendant trois mois, un décret du 10 août 1849 réintégra les magistrats qui avaient été suspendus, et une loi du 11 décida qu'aucune réduction dans le personnel ne pourrait s'opérer que par voie d'extinction, et qu'une investiture nouvelle serait donnée à tous les tribunaux et Cours.

Le second Empire respecta aussi l'inamovibilité, du moins en principe ; mais tout fonctionnaire qui refusait le serment était considéré comme démissionnaire (décret du 8 mars 1852). D'autre part, les commissions mixtes condamnèrent plusieurs magistrats, qui furent exilés, puis déchus comme absents.

Un décret du 1er mars 1852 fixa l'âge de la retraite à 70 ans pour les membres des Cours d'appel, à 75 pour ceux de la Cour de cassation. 132 magistrats inamovibles furent atteints par ce décret sur la limite d'âge, dont on a dit que c'était une précaution aveugle, épargnant les infirmités qui n'ont pas d'âge et frappant l'âge qui n'a pas d'infirmités.

Depuis 1870, les décrets et les projets de loi se sont multipliés. Nous ne pouvons qu'énumérer les principaux :

28 janvier et 3 février 1871, décrets prononçant la déchéance de 15 magistrats ayant fait partie des commissions mixtes. Annulés par l'Assemblée nationale comme contraires à la règle de la séparation des pouvoirs et au principe de l'inamovibilité de la magistrature ;

22 mars 1879, proposition de loi de MM. Boysset, Floquet, etc., ayant pour but de prescrire une investiture nouvelle pour tous les magistrats ;

20 janvier 1880, projet de M. Cazot, ministre de la justice, opérant réduction du personnel et donnant au garde des sceaux un an pour procéder à la réorganisation judiciaire ;

2 février 1882, proposition de loi relative à la réforme judiciaire, par M. Martin-Feuillée ;

13 février, proposition ayant pour objet la suppression de l'inamovibilité, par MM. A. Rivière, Achard, et plusieurs de leurs collègues ;

16 février, projet de M. Humbert, ministre de la justice, sur la réforme judiciaire ;

1ᵉʳ mars, proposition de M. Bisseuil, supprimant l'inamovibilité pour les magistrats de tous ordres, dont la nomination est laissée au gouvernement.

Le 6 mai 1882, M. Pierre Legrand, rapporteur de la commission chargée d'examiner ces divers projets, présentait un projet de loi qui supprimait l'inamovibilité, renvoyait à une loi ultérieure pour la fixation du mode de nomination des magistrats, décidait qu'il serait procédé dans un délai de trois mois à la réorganisation du personnel des tribunaux, et que les magistrats non maintenus auraient droit à une retraite proportionnée à leurs années de service. Après de longues discussions, la Chambre adopta, par 283 voix contre 192, la suppression de l'inamovibilité, et, par 275 contre 208, le principe de l'élection des juges (10 juin 1882). Mais quelques mois plus tard, la Chambre se déjugeant repoussait, par 274 voix contre 224, un projet de M. Lepère, donnant le système électif comme base au recrutement des magistrats et établissant une élection à deux degrés et des conditions rigoureuses d'éligibilité. Nous parlerons plus tard de ce projet.

Le 10 mars 1883, un nouveau projet de M. Martin-Feuillée, portant suppression d'un certain nombre de sièges dans la magistrature et suspendant l'inamovibilité pendant trois mois, aboutit à un vote favorable, le 5 juin suivant, à la Chambre des députés (387 voix contre 129), et quelques jours plus tard au Sénat (132 voix contre 130). La loi a été promulguée le 30 août. C'est de ce jour que devait courir le délai de trois mois pour opérer les réductions qui ont eu lieu en vertu des décrets des 15 septembre, 6 octobre, 20 octobre et 13 novembre, par lesquels étaient éliminés de la magistrature 611 magistrats inamovibles et 3 membres du parquet. Depuis le 1ᵉʳ décembre 1883, l'inamovibilité a recommencé à exister, mais après avoir subi une grave atteinte.

# CHAPITRE IX

Nous avons à examiner la valeur des différents systèmes qui ont été proposés pour le recrutement des juges. Plusieurs ont déjà été expérimentés en France ; d'autres fonctionnent dans divers pays. Tous ont certains avantages et présentent des dangers.

Ce n'est que pour mémoire que nous citons ici la vénalité et l'hérédité des offices, système qui a fait son temps et sur lequel nous nous sommes suffisamment expliqués.

Il ne nous semble pas nécessaire d'insister non plus sur le recrutement de la magistrature par elle-même. « Il aurait certainement de grands avantages ; il donnerait aux compagnies judiciaires la solide cohésion de nobles traditions fidèlement observées, d'une dignité extérieure religieusement conservée, et surtout d'une indépendance relative vis-à-vis du pouvoir. Mais il aurait l'inconvénient grave de faire de la justice le monopole d'une caste, une sorte de privilège domestique, radicalement incompatible avec les institutions modernes. Devenue maîtresse d'elle-même, la magistrature serait bientôt une puissance publique, qu'il faudrait accepter comme directrice suprême du gouvernement, ou briser violemment (1). » Il est

---

(1) J. Favre, *la Réf. judic.*, ch. IX, p. 82.

certain que ce système tendrait à reconstituer une véritable caste judiciaire ; les choix finiraient par se localiser dans certaines familles, qui formeraient une nouvelle noblesse de robe ; les fonctions se transmettraient souvent de père en fils, elles seraient en fait héréditaires.

Restent donc en présence les différents systèmes d'élection par le peuple et la nomination par le pouvoir exécutif.

# CHAPITRE X

## DE L'ÉLECTION

### SECTION PREMIÈRE

*Election des juges par le suffrage universel.*

L'élection des magistrats par le suffrage universel est une opinion aujourd'hui assez répandue ; elle a trouvé d'illustres défenseurs, et il faut reconnaître qu'elle ne manque pas de logique. Si la nation est souveraine, c'est d'elle que doivent émaner tous les pouvoirs ; si donc le pouvoir judiciaire est un pouvoir distinct, il faut qu'il émane du peuple, qui lui donne la souveraineté et l'indépendance à l'égard des autres pouvoirs. « L'élection établie par la Constituante consomma l'indépendance du pouvoir judiciaire, et, si on peut le dire, la souveraineté de la loi (1). »

Si l'attribution au peuple de la nomination des magistrats devait être la suite nécessaire et forcée de la reconnaissance du pouvoir judiciaire comme pouvoir distinct, il vaudrait peut-être mieux abandonner ce principe, car s'il est utile de dégager les véritables principes constitutionnels, et de les appliquer avec toutes leurs conséquences logiques, il importe avant tout d'avoir de bons juges. Or le suffrage universel me paraît peu capable d'apprécier certaines qualités : la capacité, la moralité, l'impartialité requises pour faire un bon magistrat.

Ce système n'assure pas mieux l'indépendance du juge, car s'il le soustrait à l'influence du pouvoir exécutif, il le fait tomber sous la dépendance plus étroite d'un corps électoral. L'influence du pouvoir pouvait s'exercer dans quelques affaires importantes, mais rares : celle de l'électeur s'exercera dans toutes ; elle sera de tous les jours. De plus, l'élection ferait pénétrer la politique au tribunal, et la lutte électorale se poursuivrait jusque dans le prétoire. Or, lutte et justice sont deux termes qui s'excluent. Lorsque dans cette lutte toutes les passions auront été soulevées, le moyen pour le juge élu de tenir la balance de la justice absolument égale entre ses amis et ses adversaires ? il faudrait qu'en devenant juge, il cessât d'être homme, il dépouillât toutes les passions du citoyen.

On peut ajouter que cette lutte n'est pas très conforme au caractère, à la dignité du magistrat. Il laisserait une partie de son autorité dans la bataille électorale : dès lors, quel prestige aux yeux de l'opinion publique pourra avoir un juge, que le justiciable est appelé à juger à son tour, et qu'il pourra peut-être soupçonner de partialité ?

(1) J. Simon, *la Lib. polit.*, ch. III, 184, suiv.; il veut, d'ailleurs, l'inamovibilité, ce qui atténue beaucoup les inconvénients de l'élection.

On peut se demander aussi, si l'on trouverait facilement des candidats sérieux, instruits, capables, aux fonctions judiciaires; si les hommes d'affaires voudront abandonner une situation au barreau, une clientèle nombreuse, pour courir les chances et les ennuis d'une élection. La magistrature serait sans nul doute privée de ces vieux praticiens, qui viennent aujourd'hui lui demander le repos après une vie active, en lui apportant, avec la maturité de leur jugement, le fruit de leurs études et de leur expérience.

Il est à craindre aussi que l'élection ne donne, au lieu d'une magistrature nationale, une magistrature régionale, différant suivant les ressorts, de mœurs, d'opinions et d'idées. Ce serait la destruction de l'unité judiciaire de la France, que ne tarderait pas à suivre la destruction de son unité législative. Indirectement, cette justice locale reconstituerait les Parlements, les Coutumes, avec la variété infinie de leurs législations.

Ayant même origine que les autres pouvoirs, et s'appuyant aussi sur le peuple, le pouvoir judiciaire entrerait en lutte avec le pouvoir législatif; quel pouvoir supérieur trancherait le conflit entre les deux pouvoirs? La crainte de voir s'élever des conflits fréquents se justifie d'autant mieux que l'élection est un moyen de résistance donné aux oppositions, en leur permettant de peupler de leurs partisans un certain nombre de tribunaux.

Il y a cependant dans notre organisation judiciaire certaines juridictions électives : les Conseils de prud'hommes, les tribunaux de commerce; elles ne sont pas l'objet de plaintes sérieuses. Mais les Conseils de prud'hommes ne sont guère qu'une juridiction de conciliation, fort peu importante du reste. Quant à la juridiction consulaire, elle est très importante. Les juges de commerce doivent présenter les mêmes garanties que les juges ordinaires;

ils ont souvent à se prononcer sur des questions délicates. On ne songe cependant pas à changer le mode de recrutement de ces juges, et une loi récente a même étendu le droit de suffrage. Mais les juges de commerce sont bien plutôt des jurés que des juges : la loi commerciale fait une plus large part que la loi civile aux considérations d'équité et à l'usage; des jurisconsultes sont moins utiles que des hommes pratiques, habitués aux choses du commerce. Ils ne jugent, d'ailleurs, qu'en premier ressort sur les questions de quelque importance, et, en fait, leurs décisions sont souvent réformées. De plus, ces tribunaux n'embrassant qu'une classe de personnes et une catégorie d'affaires, la politique n'a pas grand intérêt à s'introduire dans ces élections, parce que cette juridiction restreinte est une force peu importante que les partis se soucient peu d'accaparer à leur profit. Aussi, de la part des électeurs, il y a peu d'empressement à se rendre au scrutin. De la part des candidats, il n'y a pas plus de zèle à briguer ces fonctions sans profit.

L'essai de l'élection des juges a été tenté en France, et l'expérience se poursuit encore aux Etats-Unis et en Suisse. Les résultats obtenus ne sont pas de nature à nous encourager à tenter une nouvelle expérience.

**Suisse.** — La législation varie selon les cantons. Dans quelques-uns, tous les juges sont élus directement par le peuple ; mais dans le plus grand nombre, ils sont nommés par le Grand-Conseil (conseil législatif) qui, lui-même, émane du suffrage universel : c'est une élection à deux degrés. Plusieurs cantons ont adopté l'institution du jury, et les jurés sont élus par le suffrage direct du peuple.

Quelle que soit la valeur des éloges vraiment excessifs adressés à la magistrature suisse, il ne faudrait pas en conclure que les résultats seraient aussi bons en France: Notre pays ne ressemble guère à la Suisse, où les défauts des institutions sont un peu corrigés par les mœurs : nous n'avons ni les vieilles traditions des Suisses, ni leur territoire restreint, ni leur longue éducation politique, ni leur autonomie cantonale. Du reste, les résultats de l'élection ne sont pas aussi bons qu'on veut bien le dire : les élections judiciaires ont été envahies par la politique. Dans certains endroits, la science est une cause de défaveur, et des candidats n'ont dû leur échec qu'à leur titre de docteurs en droit.

« En résumé, dit M. G. Picot, une justice satisfaisante dans les procès civils, mais très inégale, assez ferme en matière criminelle, très douteuse dans les matières politiques, rendue par des capacités médiocres que soutient la distinction d'esprit d'un petit nombre et qu'améliore la tradition ; en un mot, les hommes et les mœurs réparant, autant qu'il est possible, les défauts de l'institution, voilà ce qu'on rencontre dans l'organisation judiciaire de la Suisse. »

**Etats-Unis.** — Le mode de nomination des magistrats varie beaucoup dans les divers Etats de l'Union : dans le plus grand nombre cependant a été consacré le principe do l'élection ; les systèmes sont du reste assez variés quant à l'étendue du suffrage, à la durée du mandat, etc. En 1802, l'Ohio a inscrit l'élection des juges dans sa Constitution ; en 1831, au moment où Tocqueville écrivait son ouvrage sur la démocratie en Amérique, c'était encore le seul Etat qui en fît l'application ; mais depuis 1845 et 1846, ce système s'est répandu rapidement, et, en 1881, vingt-neuf Etats l'appliquaient au moins aux juridictions inférieures, ving-quatre aux Cours de justice, seize aux Cours de district. En 1879, New-York l'a étendu à la Cour suprême et à la Cour des plaids.

Les résultats de l'élection dans ce pays ont pu être qualifiés de déplorables, les scandales abondent. Dans quelques comtés, le candidat n'est agréé que s'il accepte le mandat impératif de ne pas appliquer les lois sur l'ivrognerie; dans certaines villes, des voleurs ont fait élire leurs complices. A la suite des scandaleuses affaires du Tammany-Ring, qui firent monter en deux ans la dette de New-York de 29,000 à 100,000 dollars, grâce aux vols commis dans les expropriations, avec la complicité de certains juges, le barreau de New-York a cru devoir protester « contre la continuation d'un système qui n'offre aucune des garanties nécessaires à une bonne administration de la justice, et qui est une menace perpétuelle pour les intérêts des citoyens (1). »

Certaines grandes compagnies rivales luttent à coup de jugements, qu'elles achètent de magistrats corrompus.

En 1869, deux spéculateurs audacieux, administrateurs du chemin de fer de l'Erié, Fisk et Gould, voulant forcer à fusionner la compagnie de la Susquehannah, firent suspendre par un juge de New-York l'administrateur de cette compagnie. Ce dernier fit nommer un sequestre par le juge d'Albany. Alors Fisk et Gould firent désigner par un juge de la Cour suprême, qui leur était dévoué, un de leurs affidés pour administrateur provisoire. Ainsi armées par les juges qui leur appartenaient, puisqu'elles les avaient achetés, les deux compagnies se livrèrent à de telles luttes qu'il fallut proclamer la loi martiale. La Cour suprême de New-York prononça le dernier mot, sans échapper elle-

(1) On peut consulter sur ce sujet l'ouvrage de l'américain Ezra Seaman, *Syst. du gouvernement américain*, ch. III, sect. 18, pp. 226 et s. — V. aussi Claudio Jannet, *les Etats-Unis contemporains*, 8e éd., ch. VIII, t. I, p. 160; G. Picot, *la Réforme judiciaire* (*Revue des Deux-Mondes*, 1er janvier 1881).

même au soupçon de vénalité. Ce fait est rapporté par MM. G. Picot et Saint-Girons, sur la foi d'Ezra Seaman.

Dans l'Ouest, trois ou quatre compagnies monopolisent les transports dans les ports de l'Atlantique ; des compagnies rivales achètent les législatures, font tarifer les transports, au mépris des droits acquis ; les juges ne sont élus que s'ils promettent d'appliquer ces lois malgré leur inconstitutionnalité (G. Picot).

On a vu, s'il faut en croire certains journaux de l'Union, des assassins obtenir l'impunité à prix d'argent.

Qu'on ne s'étonne pas que le peuple se fasse lui-même justice et venge la société et l'ordre troublés, en lynchant le criminel et parfois le juge. On ne s'étonnera pas non plus de voir se produire depuis quelques années aux Etats-Unis, parmi les jurisconsules et les classes élevées, un mouvement défavorable à ce système. On dit qu'il perd du terrain, au moins dans les idées, sinon dans les Constitutions. Mais il sera difficile d'enlever cette conquête à la démocratie ; en 1873, l'Etat de New-York s'est prononcé en faveur de l'élection par 319,000 voix contre 115,000 seulement.

Cependant les auteurs de la Constitution américaine n'étaient guère favorables à ce système. On lit, en effet, dans le *Fédéraliste*, où se trouvent contenues leurs opinions, ch. LXXVI : « L'exercice de ce pouvoir par le peuple est impraticable. » Les résultats ont montré qu'ils avaient raison. « La corruption chez quelques-uns, la dépendance dans la plupart des Cours, la médiocrité à tous les degrés, voilà le résultat du système inauguré vers 1846, et dont gémissent les jurisconsultes américains depuis un quart de siècle » (G. Picot, *loc. cit.*). « L'élection a produit la dépendance, l'ignorance et la corruption des juges. » (Ezra Seaman, *loc. cit.*).

**France**. — L'essai tenté pendant la période révolutionnaire n'a pas mieux réussi. Les élections de 1790, faites à deux degrés et sous des conditions d'éligibilité assez rigoureuses, donnèrent d'assez bons résultats ; à Paris, on trouve parmi les juges élus Merlin, Tronchet, Treilhard. Mais après que la Convention eut supprimé toutes les conditions d'éligibilité, de chauds patriotes furent élus, peu de jurisconsultes : sur 51 juges, ou trouve à Paris un peintre, deux graveurs, un ciseleur, deux commis, un jardinier. Dans les départements, la grande majorité était au-dessous du médiocre ; aussi il faut voir quel respect les citoyens avaient pour les jugements rendus par ces tribunaux élus par eux : chaque jour ils venaient apporter leurs plaintes à la barre de l'Assemblée, et la Convention ne dédaignait pas d'intervenir elle-même dans les affaires privées : on trouve un grand nombre de Décrets annulant les jugements des tribunaux, au mépris de la Constitution.

La Constitution de l'an VIII vint donner au pouvoir exécutif la nomination des magistrats, mais les juges de paix continuèrent à être élus. « Ils n'ont aucune idée des lois, » écrit Redon. — « Les juges de paix sont médiocrement bons à Lyon, à deux ou trois près ; à la campagne, beaucoup manquent de lumières, quelques-uns sont accusés de partialité » (Najac). — « Les juges de paix sont excessivement mauvais. Des villes telles qu'Aix et Marseille, où il eût été facile de faire de bons choix, ont pour juges de paix de simples ouvriers sans lumières et sans considération » (Français de Nantes) (1).

Enfin, lorsqu'un peu d'ordre est revenu dans la justice, Treilhard, rappelant la période où la magistrature était

(1) Enq. sur la situat. de la Républ., faite en l'an IX. — G. Picot, *la Réforme judiciaire* (*Rev. des Deux-Mondes*, 1er janvier 1881).

élue, disait au Corps législatif : « Dans le temps de nos désordres, les magistrats n'étaient que trop souvent les hommes d'un parti et non pas les hommes de la nation. On se demandait : De quel bord est le candidat ? et non : Est-il probe ? Est-il éclairé ? A-t-il cette impartialité, ce courage qui doivent caractériser un magistrat ? »

## SECTION II

*Systèmes proposés pour atténuer les inconvénients de l'élection par le suffrage universel.*

Les inconvénients de l'élection sont trop réels pour être sérieusement niés. Pour en éviter quelquer-uns, on a proposé divers correctifs de l'élection par le suffrage universel. Quelques-uns de ces systèmes fonctionnent dans plusieurs Etats de l'Union américaine. C'est aux Etats-Unis que l'élection des juges a produit les plus désastreux effets : l'esprit pratique des Américains devait chercher à les corriger dans une certaine mesure.

1° En Pensylvanie, le juge n'est pas rééligible. Il n'a donc rien à craindre, ni rien à attendre de l'électeur. On pourrait dire qu'il reste encore le souvenir de la lutte électorale, des services de ses amis, des attaques de ses adversaires. Mais j'admets qu'en montant sur le siège de la justice, le magistrat ait tout oublié, ce qui ne sera point rare. Je me demande seulement si on trouvera des hommes pour remplir des fonctions aussi provisoires, si, après de longues études, comme celles qu'exige la magistrature, on voudra se tourner de ce côté plutôt que vers le barreau ou les autres professions ouvertes par les études juridiques ? Il est douteux que celui qui aura quelque espoir de réussir dans ces fonctions, veuille courir les chances d'une élection, pour arriver à une position bien précaire. La magistrature ne se recrutera que parmi les jeunes gens, qui la considèreront comme un stage, leur permettant d'attendre mieux, ou parmi les incapables et les ignorants; les uns et les autres, dans le court passage qu'ils feront aux tribunaux, ne pourront acquérir ni la connaissance des lois, ni l'expérience des affaires. D'autre part, les fonctions de juge ne permettent pas l'exercice d'autres fonctions : pour être bien remplies, elles doivent être absorbantes ; il ne faudrait donc pas compter sur les hommes d'affaires pour les accepter.

2º Dans quelques Etats, le juge est élu à vie : c'est l'inamovibilité conférée par la nation. La solution serait acceptable ; elle offrirait les avantages de l'inamovibilité, avec plus d'indépendance peut-être pour le magistrat ; cependant les choix du suffrage universel, en général peu éclairé, seraient sans doute un peu moins bons que ceux d'un garde des sceaux instruit et capable de mieux apprécier les qualités d'un bon juge. Mais ce système ne serait-il pas repoussé par les partisans les plus logiques de l'élection, comme absolument contraire aux vrais principes démocratiques ? Les agents du pouvoir judiciaire doivent, comme ceux de l'exécutif et du législatif, représenter la pensée de la nation, d'où émane toute souveraineté ; les élus doivent être, comme on l'a dit, le miroir du corps électoral. Les juges ne tarderaient pas à être en désaccord avec leurs commettants, surtout dans un pays comme le nôtre, où l'opinion publique est si mobile. Quand tous les pouvoirs seraient renouvelés, les juges seuls auraient le privilège de ne pas descendre de leurs sièges, et plusieurs générations seraient enchaînées et obligées de souffrir une magistrature en désaccord avec tous les autres pouvoirs publics et avec leurs propres opinions.

3° Ailleurs, le juge est élu pour une longue durée. Les mêmes observations peuvent s'appliquer à ce système, le mandataire cesserait bien avant l'expiration de son mandat d'être d'accord avec ses commettants. L'indépendance n'y gagnerait guère ; celui qui ambitionnerait une réélection, devrait ménager ses électeurs, au moins dans les derniers temps de son mandat. Cependant ce système aurait l'avantage de permettre aux vieux praticiens, peu soucieux de luttes électorales trop fréquentes, de briguer une fois les fonctions judiciaires, sans intention de se faire réélire. Mais il n'a pas grande chance de plaire aux partisans de l'élection ; en Amérique, il n'est admis que dans quelques Etats et pour certaines juridictions, et la plupart des juges sont élus pour six, quatre, deux ou même une année. Les démocraties aiment les changements fréquents ; le peuple s'imagine volontiers que le changement des hommes amène le progrès des institutions. En 1790, le mandat à long terme, proposé à l'Assemblée nationale, fut repoussé par la crainte de faire des corps judiciaires des corporations trop puissantes ; les juges devaient être renouvelés souvent (six ou deux ans), et cependant à peine nommés, ils n'étaient plus d'accord avec le corps électoral ; des plaintes étaient adressées de toute part aux pouvoirs publics, qui s'empressaient d'y faire droit, en ordonnant le renouvellement intégral des tribunaux.

Deux autres systèmes que nous signalons à titre de curiosité ont été présentés à notre Chambre des députés.

4° On a proposé de faire élire le juge dans un arrondissement et de le transporter aussitôt dans une autre circonscription judiciaire. On l'affranchirait ainsi des préoccupations locales, des souvenirs de la lutte électorale ; le magistrat ne se trouverait plus en présence de ceux à qui il doit ses fonctions, et de ceux qui ont fait leurs efforts pour l'empêcher d'y arriver. Mais les justiciables se fatigueraient bien vite de ce va-et-vient continuel de magistrats inconnus, n'ayant ni leurs mœurs ni leurs idées, et les électeurs déserteraient une lutte qui n'aurait aucun attrait pour eux, puisque ce ne serait pas eux qui seraient intéressés au triomphe de l'un ou de l'autre candidat.

5° Le 17 nov. 1880, M. Langlois faisait une proposition ingénieuse à la Chambre des députés : pour éviter que le juge ne soit le juge d'une majorité, si minime qu'elle soit, fût-elle d'une seule voix, il ne sera pas élu à la majorité absolue des suffrages ; à défaut de l'unanimité, ce qui serait l'idéal, on exigera une majorité des deux tiers des votants et la moitié des électeurs inscrits dans le ressort d'une Cour d'appel.

Pour obtenir cette majorité, il faudra nécessairement une entente entre les partis ; les juges seront élus par des comités de conciliation, et l'on n'aura pas l'écrasement d'un parti par un autre. Ainsi nommés, les magistrats des Cours se rendront à Paris, où ils choisiront les juges de la Cour de cassation.

Ce système ne devait fonctionner que pour les membres des Cours d'appel ; l'élu du ressort, nommé par 5 ou 6 départements et par 4 ou 500,000 électeurs sera bien plus indépendant, se trouvant en relations moins directes avec ses électeurs. Les dangers de l'élection paraissaient encore trop grands à l'auteur de la proposition pour l'appliquer, même ainsi corrigée, à la nomination des juges inférieurs.

Cette proposition était ingénieuse, mais peu pratique ;

le système n'était pas applicable à cause de nos divisions politiques et de l'ardeur de nos luttes électorales, qui ne permettent pas d'espérer une conciliation.

## SECTION III

### *Élection à deux degrés.*

Elle présente plus de garanties que le suffrage direct : les choix seraient meilleurs. Dans chaque ressort, qui choisirait-on comme délégués ? Les hommes d'affaires les plus en vue, par conséquent les plus capables d'apprécier les qualités d'un bon magistrat. Sous la Révolution, le suffrage à deux degrés n'a pas donné de trop mauvais résultats. Malheureusement cette solution proposée aussi pour les élections politiques, est loin de répondre à toutes les objections dirigées contre le suffrage direct. La dépendance du juge ne sera que plus étroite, plus insupportable, car les électeurs, étant moins nombreux, seront plus influents, plus rapprochés du juge. La politique ne sera pas écartée des élections judiciaires ; elle y entrera une première fois dans les assemblées primaires, une seconde dans les élections du deuxième degré.

Un système d'élection à deux degrés a été présenté à la Chambre des députés par M. Lepère, le 22 nov. 1882 ; les juges étaient élus par des délégués nommés eux-mêmes au suffrage universel, en nombre proportionnel à la population ; mais on avait fixé le minimum des délégués de chaque arrondissement (100), pour que le juge ne fût pas l'élu d'un trop petit nombre de personnes, et le maximum (300) pour que le tumulte d'une assemblée électorale trop nombreuse n'écartât pas de la lutte les hommes d'études. L'âge requis pour être élu délégué était fixé à 25 ans, solution peu logique, fit-on observer, puisque le Français est majeur à 21 ans quant à l'exercice de ses droits civils.

## SECTION IV

*Nomination des juges par les Assemblées législatives.*

Une autre solution consisterait à faire nommer les juges par les Chambres, comme dans plusieurs cantons suisses ; ce serait bien encore une élection à deux degrés. Elle n'aurait, a-t-on dit, aucun des dangers de l'élection par le peuple. Je crois qu'elle en présenterait de plus grands : elle ferait dépendre le juge d'Assemblées puissantes ; le judiciaire serait soumis au législatif.

Le 5 juin 1883, M. Floquet proposait l'élection des conseillers à la Cour de cassation au scrutin de liste et à la majorité absolue des votants, par un collège électoral national, composé du Sénat et de la Chambre des députés, sous certaines conditions d'âge et de capacité. L'amendement ne fut pas adopté.

## SECTION V

*Élection par un corps électoral spécial.*

Le suffrage universel n'est pas assez éclairé pour faire de bons choix ; il faut un tact délicat pour apprécier la capacité et la moralité nécessaires au juge. Un collège spécial, composé des avocats, des officiers ministériels, même de tous les licenciés en droit, offre des garanties sérieuses ; mieux que tous autres, ces électeurs seront capables de faire des choix excellents. Malheureusement cette solution est impuissante à donner satisfaction aux partisans de l'élection, qui veulent que la justice émane du peuple, et qui repousseraient la création d'une véritable aristocratie du Droit. Ils auraient raison ; la justice tomberait aux mains de quelques citoyens ; le juge n'aurait aucune indépendance ; il serait livré tout entier aux avocats, aux avoués de son ressort. Or il importe qu'il soit indépendant des personnes dont on voudrait composer ce corps électoral, puisqu'il doit avoir sur elles une certaine autorité, exercer une certaine surveillance.

Tels sont les divers systèmes d'élection, aucun ne me paraît pouvoir être appliqué. Cependant quelques publicistes pensent que le principe de l'élection doit prévaloir un jour et qu'il est le mode futur du recrutement de la magistrature. Mais ce ne sera que lorsque les masses seront plus éclairées, plus instruites, lors aussi qu'on aura simplifié les règles si compliquées, si difficiles de la procédure, lorsqu'on aura modifié les règles trop nombreuses du Droit privé ; alors l'office du juge sera bien plus facile. N'est-ce pas une illusion ? et la simplicité de la procédure et du Droit n'est-elle pas un privilège des peuples jeunes, que ne doivent plus connaître les peuples parvenus à un haut développement social.

Pour d'autres, l'avenir n'est pas à un corps judiciaire élu par le peuple ; le progrès doit consister dans la suppression de tout corps de magistrats. Les parties choisiront elles-mêmes leur juge ; ce sera l'institution des arbitres aujourd'hui exceptionnelle, devenue la règle générale. Laissons ces chimères et cherchons plutôt à constituer une bonne magistrature.

# CHAPITRE XI

DE LA NOMINATION DES JUGES PAR LE CHEF DU POUVOIR
EXÉCUTIF.

C'est le mode de recrutement usité dans presque tous
les pays de l'Europe. C'est la meilleure solution, quoiqu'elle soulève aussi des critiques. Il semble qu'elle soit
une atteinte portée aux principes de la souveraineté du
peuple et de la séparation des pouvoirs, principes consacrés
dans nos constitutions modernes.

Tous les pouvoirs émanent du peuple ; mais il n'est pas
nécessaire que cette émanation soit directe ; elle peut
n'être qu'indirecte. Les agents du pouvoir législatif sont
seuls, d'après notre Constitution, nommés directement
par la nation; le représentant de l'exécutif est choisi par
les Chambres, c'est-à-dire par le pouvoir législatif ;
l'exécutif lui-même nomme les juges, en vertu d'une sorte
de mandat, qu'il a reçu du peuple, dans la Constitution.

On trouve, dans les Statuts de plusieurs monarchies
constitutionnelles, une disposition ainsi conçue : toute
justice émane du roi. C'était les termes dont se servaient
les Chartes de 1814 et de 1830, et qu'emploie aussi le
Statut du royaume d'Italie. Ces expressions exactes sous
une monarchie absolue, avant 1789 par exemple, ne
l'étaient plus en 1830, ni même en 1814 ; elles ne le sont
pas sous une monarchie constitutionnelle, qui admet le
principe de la séparation des pouvoirs. On a expliqué

historiquement cette disposition. En 1814, la Charte était octroyée par un prince, profondément pénétré de ses droits ; on devait y trouver, au moins dans les termes, des traces de l'ancien régime. En 1830, la précipitation empêcha de mettre les termes d'accord avec les nouveaux principes constitutionnels. D'autres explications ont été données, pour trouver un sens à cette maxime : sous la monarchie absolue, sa vérité ne pouvait faire l'objet d'un doute ; mais à la Révolution, s'introduisirent d'autres principes, et l'élection par le peuple fut admise. En 1814 et en 1830, on reproduisit l'ancienne maxime par opposition, non au temps où la justice émanait des seigneurs, mais au temps plus rapproché où elle émanait du peuple.

La nomination des juges par le pouvoir exécutif n'est qu'une atteinte bien légère au principe de la séparation des pouvoirs : si le chef de l'Etat nomme les magistrats, il ne dispose pas à son gré de la magistrature. Ce qu'il faut surtout, le but auquel tous les efforts doivent tendre, c'est la constitution d'une magistrature indépendante et capable ; or, je ne crois pas que ce but fût atteint en donnant la nomination des juges directement à la nation ; je crois qu'un pouvoir éclairé appréciera mieux que les masses peu instruites les aptitudes du magistrat, et que ce recrutement donnera des résultats meilleurs.

Il présente cependant de sérieux dangers : on peut craindre la dépendance du juge vis-à-vis du pouvoir : « Celui qui dispose des juges, dit Henrion de Pansey, est bien vite soupçonné de disposer des jugements. » Or, on ne saurait assez le répéter, le juge doit être indépendant. Ce mode de recrutement accroît les chances de mauvais choix : il est à craindre que trop de nominations ne soient dues à la faveur et à l'intrigue. Si un garde des sceaux, par sa haute position, sa capacité intellectuelle, les informations de ses nombreux agents, est bien capab de connaître les meilleurs candidats, rarement les choix qu'il fera seront dus au mérite; plus souvent, ils seront dus à des considérations politiques ou arrachés à sa faiblesse.


## CHAPITRE XII

### (SUITE DU CHAPITRE PRÉCÉDENT)


### SECTION PREMIÈRE

#### *De l'inamovibilité.*


Laisser au pouvoir exécutif le droit de nommer librement le juge et de le révoquer à son gré, c'est mettre la justice à la merci de la politique. Il fallait donc trouver une garantie qui défendît le magistrat contre les exigences du pouvoir politique et contre ses propres faiblesses. On a cru la trouver dans l'inamovibilité, c'est-à-dire dans la nomination à vie, remède encore insuffisant, mais absolument nécessaire. On ne saurait se prononcer avec assez d'énergie en faveur d'une inamovibilité sérieuse, qu'il faudrait fortifier encore, et surtout ne pas violer périodiquement. C'est une des garanties sociales les plus sérieuses, une condition essentielle d'une bonne justice, son indépendance vis-à-vis des pouvoirs publics. Aussi ce principe a-t-il été reconnu par la plupart des publicistes et consacré dans presque toutes les Constitutions modernes. J. Bodin disait déjà au XVI° siècle : « Si l'état du magistrat est perpétuel, il s'assurera et commandera avec dignité, il fera tête aux méchants, il prêtera l'épaule aux gens de bien, il vengera les outrages des affligés, il résistera à la violence des tyrans, sans crainte qu'on le dépouille de son état s'il n'a forfait. »

« Il n'y a pas, dira plus tard Royer-Collard, de ministère aussi important que celui du juge. Lorsque le pouvoir, chargé d'instituer le juge au nom de la société, appelle un citoyen à cette haute fonction, il lui dit : Organe de la loi, soyez impassible comme elle... Si mes propres erreurs, si les influences qui m'assiègent, m'arrachent des commandements injustes, désobéissez à ces commandements, résistez à mes séductions, résistez à mes menaces. Quand vous monterez au tribunal, qu'au fond de votre cœur il ne reste ni une crainte ni une espérance. Le citoyen répond : Je ne suis qu'un homme, et ce que vous demandez est au-dessus de l'humanité. Vous êtes trop fort et je suis trop faible : je succomberai dans cette lutte inégale... Promettez que je ne descendrai point du tribunal, à moins que je ne sois convaincu d'avoir trahi les devoirs que vous m'imposez. Le pouvoir hésite; c'est la nature du pouvoir de se dessaisir lentement de sa volonté. Eclairé, enfin, par l'expérience, sur ses véritables intérêts, subjugué par la force toujours croissante des choses, il dit au juge : Vous serez inamovible! »

Si l'inamovibilité est nécessaire dans une monarchie, à cause des influences de Cour dont le chef de l'Etat est environné, elle l'est peut-être davantage dans une démocratie, à cause des luttes politiques plus vives, « des factions plus nombreuses et plus audacieuses. »

Cependant ce grand principe a trouvé des adversaires. Il faut bien reconnaître que cette institution n'est pas à l'abri de toute critique; elle a ses dangers : sans donner au juge aucune des qualités qui lui manquent, le savoir, la probité, l'impartialité, elle le rend irresponsable ; or, la responsabilité du fonctionnaire est la meilleure garantie que les fonctions seront remplies avec zèle. Le juge inamovible n'a rien à craindre ; s'il n'a pas d'ambition, rien ne l'excite au travail ; il s'endormira dans la sécurité et la paresse, et négligera ses devoirs. « L'inamovibilité assure une longue et scandaleuse impunité au mauvais juge » (Be Bonald). Les mauvais choix sont sans remède. Ce n'est pas l'inamovibilité qui donnera au magistrat l'autorité morale, le prestige devant l'opinion publique ; il doit conquérir le respect par toute sa conduite, par la dignité de sa vie.

Nous avons des magistrats qui ne sont pas inamovibles : ils ne sont l'objet d'aucune plainte. Cela prouve que le caractère des hommes corrige le défaut des institutions : nos magistrats, inamovibles ou non, nos juges de paix comme nos conseillers de Cours sont intègres ; et le pouvoir a rarement cherché à abuser de son autorité. Mais il est toujours bon de prendre quelques précautions ; il peut se rencontrer telles circonstances où la résistance aux ordres du pouvoir demanderait une rare énergie, presque de l'héroïsme. Aussi on a proposé, et on ne peut qu'y applaudir, d'étendre l'inamovibilité aux juges de paix et aux juges des colonies. Ceux-ci sont inamovibles en fait, et les destitutions pour causes politiques sont fort rares.

Quant aux juges de paix, il est permis de ne pas les trouver assez indépendants ; rien n'empêche un ministre peu scrupuleux d'en faire des agents de sa politique. Je ne dis pas que cela se fasse ni ce soit jamais fait, mais je dis que cela est possible, et cette circonstance suffit pour faire trouver la situation mauvaise. Quant à la juridiction administrative, elle est tout entière dans la main du pouvoir, sans indépendance possible. J'ai dit qu'on pourrait la supprimer sans grand inconvénient ; ce serait, à notre avis, un sérieux progrès réalisé.

L'inamovibilité me paraît indispensable à l'indépendance du juge ; mais elle est insuffisante. Le pouvoir peut encore, de mille manières, exercer son influence sur le magistrat ; si le juge, en effet, n'a rien à craindre de lui, il a beaucoup à en espérer : « On tient mieux les hommes, a dit quelqu'un, par les grands espoirs que par les petites craintes. » C'est le pouvoir qui dispose des décorations, de l'avancement dans la Légion d'honneur, de la présidence des assises ; c'est lui surtout qui est l'arbitre de l'avancement du magistrat : « Qu'importe, dit Tocqueville, que personne ne puisse lui ravir son indépendance, si lui-même en fait volontairement le sacrifice. » S'il veut arriver aux hautes fonctions que son talent lui permet d'espérer, il faut qu'il plaise au gouvernement : sinon, pas d'avancement pour lui, malgré toute sa capacité, toute sa science juridique. Quelle perspective pour un jeune magistrat qui a du talent et de l'ambition, et combien il y en a peu qui n'attendent rien du pouvoir et ne lui demandent rien.

Il y a dans cette situation un vrai danger, qu'on peut faire disparaître dans une certaine mesure. On a proposé, dans ce but, d'égaliser tous les magistrats, sinon au point de vue du titre, du moins au point de vue du traitement ; de réduire à une seule classe tous les tribunaux, car « la justice est partout la même et exige en tous lieux et à tous les degrés de juridiction la même science et la même autorité » (J. Favre, *Ref. jud.*, pp. 44, 78, 99). Si cette égalisation absolue est irréalisable, du moins faudrait-il réduire le plus possible les classes de la hiérarchie : la loi du 30 août 1883 a réalisé un progrès dans ce sens ; avant cette loi, un magistrat avait quinze ou seize degrés à franchir pour arriver au sommet de la hiérarchie, c'est-à-dire quinze ou seize fois à solliciter les bonnes grâces du gouvernement. Ce danger est bien diminué aujourd'hui : peut-être pourrait-on faire quelque chose de plus.

En Angleterre, on n'a rien de tel à redouter : les hommes d'affaires éminents quittent le barreau pour occuper un siège de juge : c'est le couronnement de leur carrière. « Quant une place vient à vaquer dans l'une des Cours de Westminster, l'homme qui doit l'occuper est tellement indiqué par sa position au barreau, que le choix du gouvernement est presque de pure forme ; et cela est encore plus vrai lorsqu'il s'agit de faire monter dans l'une des Cours l'un des juges à la présidence. Le successeur désigné hérite de plein droit » (Victor de Broglie, *Vues sur le gouvernem. de la France,* p. 131).

## SECTION II

### *Du droit de déplacement.*

La faculté accordée à un ministre de déplacer à son gré un magistrat est un moyen puissant de le tenir sous sa dépendance. Il faudrait joindre à l'inamovibilité de la fonction l'inamovibilité du siège, qui n'existe pas chez nous (L. 30 août 1883, art. 15) : il faudrait que le juge ne pût être déplacé que de son consentement. On a pu dire qu'au fond cette faculté était la suppression permanente de l'inamovibilité.

On a cherché cependant à justifier ce droit, qui a ses avantages, pourvu qu'on en use avec sagesse, en alléguant les besoins du service, la nécessité de soustraire le juge aux influences de famille, à celles des partis politiques, en faisant remarquer combien il serait inconvenant de voir un avocat plaidant ordinairement devant son père ou son beau-père. Tout cela peut être exact ; mais que l'on songe que pour porter remède à des inconvénients peu graves, en somme, ce droit de déplacement porte atteinte à l'indépendance du juge, que le pouvoir tient par la crainte d'un exil véritable loin de sa famille, du centre de ses affaires et de ses intérêts. Il rend incertains, il annule presque les avantages de l'inamovibilité : un ministre peu scrupuleux et homme de parti, voulant se défaire d'un juge peut le transporter, sous prétexte de l'utilité du service, d'un bout de la France à l'autre, et ainsi le forcer à donner sa démission. C'est une révocation indirecte. Enfin, un danger sérieux menace le justiciable : un ministre peut composer à son gré un tribunal de juges dévoués à sa politique, comme le faisait la Restauration, au moyen des juges-auditeurs, et le second Empire, grâce au roulement des chambres réglé par le premier président et le procureur général et approuvé par le ministre.

Ce roulement fut établi en 1858, à la suite de l'arrêt de la Cour de Paris, qui réduisit à trois mois la peine de six mois d'emprisonnement prononcée par le tribunal de la Seine contre Montalembert, pour le célèbre article paru dans le *Correspondant* du 25 octobre 1858, sous le titre : « Un débat sur l'Inde au Parlement anglais. » M. Emile Olivier rétablit le roulement ancien, qui fait passer successivement les juges dans toutes les chambres.

L'inamovibilité du siège existe dans plusieurs pays. La Constitution prussienne déclare que le juge ne peut être déplacé. La Constitution autrichienne de 1867 a une disposition semblable (art. 6). En Belgique, le magistrat ne peut être déplacé que de son consentement.

Le droit de déplacement est consacré chez les peuples de race latine.

En Espagne, le juge ne peut rester plus de huit ans dans la même ville ; s'il se marie, s'il achète ou si sa femme achète des propriétés urbaines ou rurales dans le ressort, il doit être changé.

En Portugal, il ne peut rester plus de six ans sur le même siège.

En Italie, il peut toujours être déplacé sur l'avis du Conseil supérieur de la magistrature. Ce droit admis en 1865, pour faciliter l'unification de l'Italie, a donné lieu à beaucoup de protestations et à des critiques de la part de nombreux publicistes italiens : Minghetti, Palma.

En France, la loi du 30 août 1883, après avoir suspendu l'inamovibilité pendant trois mois, a donné pour l'avenir au gouvernement le droit de déplacer le magistrat sur l'avis conforme de la Cour de cassation, et sans changer ses fonctions ni diminuer sa classe ou son traitement. Ceci nous amène à dire un mot de cette loi du 30 août 1883.

## SECTION III

*Suspension temporaire de l'inamovibilité. —*
*Loi du 30 août 1883.*

L'inamovibilité est une garantie pour le justiciable, qu'on ne saurait assez respecter : la moindre atteinte contient la destruction même du principe. L'inamovibilité, disait Royer-Collard, est un principe absolu qu'on ne modifie pas sans le détruire, et qui périt tout entier dans la moindre restriction. Cependant, après chacune de nos révolutions, on n'a pas hésité à proposer la suspension pour un temps de l'inamovibilité, afin, disait-on, de rétablir l'harmonie entre les pouvoirs publics. Le gouvernement nouveau ne peut être forcé d'accepter les fonctionnaires que lui lègue le gouvernement tombé ; il faut, à chaque changement de régime, une nouvelle investiture des magistrats. A ces raisons, il est trop facile de répondre que la magistrature ne doit pas suivre les oscillations de la politique et de l'opinion publique ; elle doit rester invariable comme la justice, qui ne change pas, qui est immuable.

La loi du 30 août 1883, à côté de réformes excellentes, que nous avons signalées, a cru devoir suspendre pendant trois mois l'inamovibilité. Cette solution, qui peut s'expliquer par des nécessités de l'ordre politique, ne me paraît pas pouvoir se justifier au point de vue des principes. Ce qu'il fallait, si l'on voulait réaliser une grande réforme, c'était augmenter les garanties des justiciables, et pour cela, assurer le recrutement de magistrats instruits et capables ; c'était surtout soustraire les juges à toute influence des pouvoirs, les rendre vraiment indépendants. Or, c'est ce qu'on n'a point fait. Au lieu de restreindre l'influence du pouvoir, déjà trop grande, déjà dangereuse, on l'a encore augmentée, en donnant au ministre le droit de déplacer à son gré les magistrats, sous des garanties en somme peu sérieuses, en lui donnant aussi la faculté de mettre d'office un magistrat à la retraite pour cause d'infirmités graves et permanentes.

De plus, et c'est la disposition principale de la loi, pendant trois mois toute la magistrature française a été à la disposition du garde des sceaux, qui a pu faire porter les éliminations sur tout l'ensemble du personnel, « de sorte que, par la suppression d'un siège du parquet quel qu'il fût, un magistrat assis, quel qu'il fût, pouvait être éliminé. »

La loi a supprimé 9 présidents de Chambre, 189 conseillers, 54 vice-présidents, 131 juges, 11 avocats-généraux, 5 substituts du procureur général, 215 substituts du procureur de la République. La réduction du personnel judiciaire était une réforme qui s'imposait; mais pour procéder à cette réduction, il n'était pas nécessaire de mettre toute la magistrature entre les mains d'un garde des sceaux pendant trois mois. Il fallait restreindre le plus possible le droit accordé au ministre et mettre des bornes à son arbitraire. Dans ce but, on avait proposé de faire porter les éliminations sur les magistrats les plus anciennement nommés : mais on se privait ainsi des plus expérimentés... ou sur les plus récemment entrés dans la magistrature; mais ce sont les plus actifs, peut-être les plus instruits.

La meilleure solution, pour la réduction des sièges, était de procéder par voie d'extinction : à mesure qu'un magistrat aurait disparu, il n'aurait pas été remplacé. De cette manière, on sauvegardait aussi les droits du magistrat, en faveur de qui l'inamovibilité n'a pas été admise sans doute, mais qui a dû, en embrassant cette carrière peu rémunérée, compter sur cette inamovibilité.

Il y a quelques années, une réforme judiciaire a été accomplie en Allemagne (1) : le droit de déplacement a été limité au seul jour de la réorganisation; le magistrat déplacé n'a pu être renvoyé devant un tribunal inférieur à celui où il siégeait; le traitement intégral a été maintenu au magistrat non replacé.

(1) L. 14 avril; L. 4 mai 1878; Décr. 18 et 25 octobre 1879. Dubarle, *Code d'organis. judiciaire allemand*, Paris, 1885.

# CHAPITRE XIII

DU RECRUTEMENT DES MAGISTRATS DANS LES PRINCIPAUX
ÉTATS D'EUROPE ET D'AMÉRIQUE.

Nous ne voulons pas entrer dans l'étude détaillée de
toutes les dispositions constitutionnelles relatives à cette
question du recrutement des magistrats; une pareille
étude n'aurait que peu d'intérêt pratique; il nous suffira
de mentionner brièvement les Constitutions qui offrent sur
ce point des particularités intéressantes.

Nous avons dit que le choix des juges appartenait au
chef du pouvoir exécutif à peu près dans tous les pays, à
l'exception de certains États de l'Union américaine et de
la plupart des cantons suisses. Ce choix du chef de l'État
est enfermé dans des limites plus ou moins étroites, qui
en restreignent l'arbitraire; il ne peut s'effectuer que
sous certaines conditions plus ou moins rigoureuses, qui
constituent des garanties pour le justiciable.

**Angleterre.** — Les juges sont nommés par la reine et
choisis parmi les avocats ayant au moins dix ans d'exercice. Ils sont inamovibles, *quandiu bene gesserint;* en
cas de forfaiture, depuis Georges III, ils ne peuvent être
destitués par le souverain que sur la demande collective
des deux Chambres. L'acte du 5 août 1873, articles 8 et 9,
n'a fait que consacrer un principe qui existait depuis

longtemps. Grâce à ce mode de recrutement et à cette inamovibilité sérieuse, la magistrature anglaise est une des plus distinguées de l'Europe ; elle est absolument irréprochable comme capacité et moralité.

**Belgique.** — Les juges de paix et ceux des tribunaux de première instance sont librement choisis par le roi ; les uns et les autres doivent être docteurs en Droit et leurs traitements sont assez élevés. Ils sont inamovibles et ne peuvent être suspendus ou privés de leurs fonctions que par une sentence judiciaire. Nous verrons plus tard comment se recrutent les conseillers de Cours d'appel, et ceux de la Cour de cassation, en étudiant le système des présentations, dont l'introduction en France nous paraît désirable. Les Cours choisissent elles-mêmes leur président et leur vice-président.

**Allemagne.** — L'inamovibilité est consacrée. L'entrée dans la magistrature est précédée d'un stage ou noviciat judiciaire et de deux examens.

**Autriche.** — L'empereur choisit les juges, qui ne peuvent être destitués que par une sentence judiciaire.

**Hollande.** — Les juges de canton, c'est-à-dire les juges de paix, sont eux-mêmes inamovibles, comme en Belgique. Nous ferons remarquer que cette inamovibilité des juges de paix, excellente en elle-même, n'est possible que si l'on exige d'eux de sérieuses conditions de capacité. Nous ne croyons pas qu'on pût l'admettre actuellement en France.

**Danemark**. — L'inamovibilité est admise en principe ; mais le roi a le droit de mettre un magistrat à la retraite dès l'âge de 65 ans, ce qui est beaucoup trop tôt.

**Suède**. — Les juges de la Cour suprême sont inamovibles vis-à-vis du roi, mais non de la Diète, qui, tous les trois ans, peut forcer le roi à les révoquer. Système évidemment défectueux, qui n'a d'autre résultat que de mettre la magistrature sous la dépendance d'un corps politique.

**Italie**. — Tous les juges sont nommés par le roi. Les juges de district sont amovibles. Les autres ne sont inamovibles qu'au bout de trois ans d'exercice ; nous avons vu qu'ils pouvaient être déplacés sur l'avis du conseil supérieur de la magistrature, composé de membres de la Cour de cassation et du procureur général près la même Cour.

**Portugal**. — L'inamovibilité est reconnue, « ce qui n'implique pas, dit le Statut, qu'ils ne puissent être déplacés pour le temps et d'après le mode fixé par la loi. » Nous avons vu dans quelles conditions s'exerçait ce droit de déplacement. La loi du 16 avril 1874 a admis un système de présentation pour certains magistrats; les juges inférieurs ou ordinaires sont nommés par le roi sur la présentation de trois noms faite par le président du tribunal de seconde instance.

**Espagne**. — La loi constitutionnelle reconnaît également

l'inamovibilité quant à la fonction, mais non quant au siège; nous avons vu que le juge pouvait être déplacé, et devait même l'être dans certains cas déterminés.

**Turquie.** — Il n'y a pas longtemps que toutes les charges judiciaires étaient révocables et annuelles, ce qui ôtait aux juges toute indépendance et toute autorité morale. L'inamovibilité a été introduite depuis quelques années. Je ne crois pas qu'on puisse encore citer la magistrature ottomane comme un modèle; mais il m'a paru intéressant de signaler l'introduction de ce grand principe dans la Constitution de l'Empire turc.

**États-Unis.** — Les juges de la Cour fédérale sont nommés par le président de la République sur l'avis conforme du Sénat. Ils sont inamovibles; ils ne peuvent être destitués que sur l'accusation de la Chambre des représentants, portée devant le Sénat qui prononce le jugement comme haute Cour de justice (Constit. fédérale, art. 2, sect. 2, § 2; art. 3, sect. 1); c'est ce qu'on appelle la procédure de l'*impeachment*. Depuis 1787, trois juges seulement ont été accusés; un autre a dû donner sa démission pour habitude d'ivrognerie. Cette magistrature fédérale est bien supérieure aux magistratures des États; elle jouit d'une véritable autorité.

Dans plusieurs États (Maine, Massachussets, New-Hampshire), les juges, au moins ceux de certains tribunaux, sont nommés par le gouverneur, avec l'assentiment du conseil du gouvernement.

Dans d'autres (Floride, Mississipi, New-Jersey, Maryland, Illinois), la nomination des juges des Cours supérieures appartient au gouverneur, avec l'assentiment du Sénat.

On voit que le système de l'élection est loin d'être universellement appliqué à tous les juges aux États-Unis. En 1881, si vingt-neuf États l'appliquaient aux juridictions inférieures, seize seulement l'avaient étendu aux Cours de districts. La Constitution du Missouri de 1875 interdit même l'élection des juges de paix.

Du reste, les systèmes sont assez variés, suivant les États et les diverses espèces de tribunaux. Dans plusieurs, pour corriger les inconvénients de l'élection, on a admis les mandats à long terme : à New-York, les juges de la Cour suprême, des Cours d'appel, de bourgs et de cités, sont élus pour quatorze ans ; dans le Maryland, ceux des Cours d'appel pour quinze ans ; en Pensylvanie, ceux de la Cour suprême pour vingt et un ans. Daas d'autres, assez nombreux, le Massachussets, le Connecticut, la Floride, etc., le juge est élu à vie. Dans la Pensylvanie, il n'est pas rééligible.

Dans quelques-uns, l'élection est à deux degrés, la nomination des juges appartenant aux Chambres d'une manière plus ou moins absolue (Caroline du Sud, Virginie, Louisiane, etc.).

**Buenos-Ayres**. — D'après la Constitution du 29 nov. 1873, art. 178 et suiv., les juges sont nommés par le gouverneur avec l'agrément du Sénat ; ils ne peuvent être révoqués que pour des motifs graves et sur le jugement d'une commission composée de sept députés et de cinq sénateurs.

**Russie**. — Chose curieuse, dans ce pays qui est bien

loin d'être un pays démocratique, on trouve certaines juridictions électives : certains magistrats formant une juridiction rurale, qui tranche les litiges entre paysans et qu'on pourrait comparer à nos juges de paix, sont élus pour trois ans par l'assemblée du district, et à Saint-Pétersbourg, Moscou, Odessa, par le Conseil municipal, qui en tient lieu. Le tribunal cantonal est élu pour trois ans par l'Assemblée cantonale. Ces deux juridictions sont très populaires dans tout l'Empire.

**Suisse**. — Le principe de l'élection est partout consacré, mais appliqué de différentes manières. Les juges supérieurs ne sont élus directement par le peuple que dans un très petit nombre de cantons, Schwitz, Glaris, Unterwald-Obwald, Appenzell. A Uri, la moitié des juges est élue par le peuple, l'autre moitié par le Landsrath, autorité administrative. A Unterwald-Nidwald, le Landsrath nomme tous les juges du tribunal suprême.

Dans tous les autres cantons, la nomination appartient au Grand-Conseil ou Kantonsrath, conseil législatif, qui lui-même émane du suffrage universel. Ainsi à Genève, tous les juges sans exception sont nommés par le Grand-Conseil pour quatre ans (Const. du 24 mai 1847). Un projet qui consacrait le principe de l'élection directe a été repoussé par un plébiscite du 4 juillet 1881, par 3,746 voix contre 2,652.

Les juges inférieurs sont élus directement par le suffrage universel dans douze cantons : Zurich, Argovie, Saint-Gall, Lucerne, Valais, Thurgovie, Grisons, Soleure, Schwitz, Appenzell, Schaffhouse, Glaris. En outre, tous les cantons suisses qui ont adopté le jury, ont étendu ce système au choix des jurés.

Dans tous les autres cantons, la nomination de tous les juges appartient au Grand-Conseil.

Le tribunal fédéral est nommé par l'Assemblée fédérale.

**France**. — Tous les magistrats peuvent être choisis parmi les simples licenciés en Droit, qualité bien insuffisante pour faire un bon juge. On pourrait exiger le titre de docteur en Droit ; ce serait une plus sérieuse garantie de capacité et de savoir.

Il y a peu de limitation à l'arbitraire du chef de l'État ; il n'y a guère de garantie contre les mauvais choix, qui peuvent être arrachés à la faiblesse ou à la passion d'un garde des sceaux.

Nous n'avons pas cherché à atténuer les inconvénients très réels de ce mode de recrutement de la magistrature, la nomination par le chef du pouvoir exécutif. Nous les avons exposés sincèrement ; on ne peut les nier ; malgré l'inamovibilité, ils existent encore très sérieux. Nous croyons cependant qu'il faut conserver au pouvoir exécutif le choix des juges, en prenant des précautions contre l'arbitraire du gouvernement, exposé à se laisser guider par l'esprit de parti, par l'introduction du système des concours et des listes de présentation.

# CHAPITRE XIV

## DU SYSTÈME DES PRÉSENTATIONS

Ce droit accordé à diverses classes de personnes de présenter des candidats aux fonctions judiciaires peut être
considéré comme une transaction entre la nomination par
le chef du pouvoir exécutif et l'élection par le peuple. Ce
système fonctionne depuis longtemps en Belgique, et
compte en France de nombreux partisans, parmi les
publicistes et les hommes politiques. Il s'est même produit
plusieurs fois devant nos Assemblées législatives, mais
sans succès jusqu'à présent.

Ce serait cependant une heureuse innovation, qui ne
serait pas du reste contraire à nos traditions historiques :
pendant longtemps, avant l'établissement de la vénalité
des offices, la magistrature s'est recrutée de cette manière,
et le peuple en avait conservé un si bon souvenir, que les
cahiers des Etats-Généraux, en 1789, demandaient qu'on
y revînt (L. de Poncius, *les Cahiers*, 249).

Ce système est encore en vigueur aujourd'hui pour
d'autres corps d'élite, le collège de France, les facultés
universitaires, qui présentent au pouvoir exécutif, pour
chaque vacance, un certain nombre limité de candidats,
parmi lesquels le ministre choisit. On a voulu assurer à
ces corps un recrutement excellent et une certaine indépendance : les résultats prouvent qu'on a parfaitement
réussi.

Quant à la manière d'organiser ce système, il y a quelques divergences entre ses partisans : quelques-uns voudraient n'admettre à la confection des listes que des corps électifs, c'est-à-dire qu'ils voudraient ne faire concourir à la nomination des magistrats que le seul élément politique ; la liste des candidats serait par exemple dressée par les Conseils généraux. Ce serait une liste de notables départementaux.

Il serait préférable, je crois, de donner le droit de présentation à plusieurs catégories de personnes, et faire concourir au choix des juges : 1° un élément politique, représentant la nation souveraine (Conseils généraux, Conseils d'arrondissement, ou délégués du suffrage universel); 2° un élément professionnel, représentant la capacité juridique (avocats, avoués, notaires, licenciés en Droit); 3° un élément judiciaire enfin, représentant les traditions de la magistrature (le tribunal dont le candidat pourra être appelé à faire partie).

Ainsi, pour les conseillers à la Cour de cassation, on a proposé d'admettre à la confection des listes nos Assemblées législatives ou des délégués nommés par elles, les membres de la Cour, les avocats près la Cour de cassation, la section de législation de l'Académie des sciences morales et politiques, les doyens des facultés de Droit.

Pour les membres des Cours d'appel, les Conseils généraux du ressort ou leurs délégués', les membres de la Cour, la faculté de Droit du ressort, le Conseil de l'ordre des avocats, la Chambre des avoués.

C'est un système peu différent de celui-là qui était présenté à la Chambre des députés par M. Bienvenu, le 1er juin 1883, sous forme d'amendement.

Dans ce projet, qui faisait porter la réforme sur toutes les catégories de magistrats, trois listes de présentation,

portant chacune trois noms, devaient être dressées de la manière suivante :

I. Juges de paix. — Première liste : Juges et juges de paix de l'arrondissement. Deuxième liste : Conseiller général, conseiller d'arrondissement, maires du canton. Troisième liste : Licenciés en Droit, notaires et avoués domiciliés dans le canton.

II. Juges de première instance. — Première liste : Membres du tribunal de l'arrondissement, présidents et vice-présidents des tribunaux du département. Deuxième liste : Conseillers généraux et d'arrondissement, maires des chef-lieux de canton et des communes ayant plus de 2,500 habitants dans l'arrondissement. Troisième liste : Docteurs en Droit, Conseil de l'ordre des avocats, Chambres des avoués et des notaires de l'arrondissement.

III. Présidents, vice-présidents des tribunaux de première instance, conseillers à la Cour d'appel. — Première liste : Membres de la Cour d'appel, présidents des tribunaux du ressort ayant cinq ans d'exercice. Deuxième liste : Commission composée des délégués nommés annuellement, deux par chaque Conseil général des départements formant le ressort de la Cour, et deux dans chaque département par les maires des chefs-lieux de canton et des communes ayant plus de 2,500 âmes. Troisième liste : Agrégés en Droit, Conseil de l'ordre des avocats, Chambre des avoués à la Cour.

IV. Présidents des Cours d'appel, conseillers à la Cour de cassation. — Première liste : Membres de la Cour de cassation, premiers présidents des Cours d'appel ayant cinq ans d'exercice. Deuxième liste : Commission de trente membres élus annuellement, quinze par la Chambre des députés, dix par le Sénat et cinq par le Conseil d'Etat. Troisième liste : Délégués des facultés de Droit, avocats à la Cour de cassation.

On pouvait reprocher à ce système d'être un peu compliqué : il pouvait être amendé, et il est regrettable que la Chambre des députés n'ait pas saisi l'occasion d'introduire le principe des présentations dans notre Constitution. La proposition de M. Bienvenu fut repoussée à une faible majorité (257 voix contre 223).

En Belgique, les conseillers des Cours d'appel, les présidents et vice-présidents des tribunaux de première instance sont nommés par le roi sur la présentation de la Cour et des conseils provinciaux du ressort. Les conseillers à la Cour de cassation sont choisis sur deux listes présentées l'une par le Sénat, l'autre par la Cour de cassation ; mais, en fait, le Sénat n'exerce plus son droit.

En Belgique, ce système a de profondes racines dans le passé : il était connu autrefois sous le nom de Droit de Terne. Charles V (Ord. du 2 mai 1522) avait concédé au Grand-Conseil de Malines le privilège de désigner pour chaque place vacante « trois personnages vertueux, de bonnes mœurs, experts, idoines et suffisants à l'état de conseillers ».

Ce droit fut accordé au Conseil du Hainaut par l'édit d'Albert et Isabelle, du 6 juillet 1611 ; il fut successivement étendu au Brabant, à la Flandre, au Luxembourg, à Namur, à Gueldre.

La loi fondamentale des Pays-Bas, de 1815, art. 176, donnait au roi la nomination des conseillers de la haute Cour, sur une triple liste présentée par la deuxième Chambre des Etats-Généraux, et des conseillers des Cours provinciales sur une triple liste présentée par les Etats provinciaux. La loi du 10 novembre 1874 a supprimé ce mode de recrutement.

Un système de présentations analogue au système belge a été admis récemment au Mexique (Loi du 1ᵉʳ juin 1878) et en Serbie (Loi des 7-19 février 1881).

Nous ne voyons pas pourquoi un tel mode de recrutement des magistrats ne serait pas introduit en France. L'expérience est faite depuis longtemps, et elle a donné les plus heureux résultats dans un pays où la population est de même race et a les mêmes mœurs que le peuple français, et où les luttes politiques sont d'une violence extrême et amènent de fréquents changements dans la direction générale du gouvernement. Il n'y a aucun motif pour que ce système ne réussisse pas en France. Nous faisons donc des vœux pour que l'essai en soit au moins tenté dans notre pays; il peut l'être, croyons-nous, sans dangers.

Les diverses classes de personnes chargées de présenter les candidats seraient appelées tous les ans ou tous les six mois à dresser une liste partielle, ou bien se réuniraient pour s'entendre sur les présentations et former une liste unique. Cette liste ne devra pas comprendre un trop grand nombre de noms pour ne pas laisser trop de latitude au choix du ministre, qui doit être enfermé dans d'étroites limites; elle pourra se composer, par exemple, d'un nombre de noms triple de celui des vacances probables qui se produiront dans l'année, vacances faciles à prévoir au moyen des statistiques. Un certain temps à l'avance, quinze jours ou un mois, la liste sera rendue publique par son insertion au *Journal officiel*, où chaque citoyen pourra en prendre connaissance. Le ministre sera rigoureusement tenu de ne choisir aucun candidat aux fonctions judiciaires en dehors des listes officielles.

Ce système aurait l'avantage d'éviter les choix purement politiques ; il rendrait le juge plus indépendant du pouvoir, qui ne serait plus le seul arbitre de son avancement; il y aurait enfin de grandes chances pour que les listes n'offrissent que de bons candidats, éclairés et instruits.

Malgré ces avantages, il soulève cependant quelques objections. Il occasionne, dit-on, des complaisances pour ceux qui dressent les listes, il favorise trop les candidatures locales, il amène des transactions, il met la justice sous la dépendance de certaines classes de personnes. Toutes ces objections sont peu sérieuses. Les complaisances des candidats envers les personnes chargées de dresser les listes sont peu à craindre, si ces personnes sont nombreuses et appartiennent à plusieurs classes indépendantes les unes des autres. Les candidatures de clocher ne le seront pas davantage, si l'on choisit des corps représentant une circonscription étendue, un Conseil général, une Cour d'appel. Les transactions sont plutôt avantageuses ; elles ne seraient fâcheuses que s'il pouvait en résulter des profits personnels pour ceux qui transigent, danger écarté par la qualité des personnes qui sont investies du droit de présentation. Enfin le juge me paraît jouir de la plus entière indépendance, puisque, une fois nommé, il n'a plus rien à craindre, ni rien à attendre de ceux qui ont concouru à sa nomination. (En faveur du système des présentations, Prévost-Paradol, *France nouvelle,* p. 163 et s. ; J. Favre, *la Réforme judiciaire,* ch. IX, p. 78 ; G. Picot, *Réf. jud.,* 419, s., 440.)

Peut-être pourrait-on laisser le pouvoir exécutif maître de l'entrée dans la carrière judiciaire, en lui abandonnant la nomination des juges de paix et des juges de première instance. Mais, dans ce cas, il faudrait chercher des garanties de bon choix ; et ces garanties, je crois les trouver dans un concours et un stage judiciaire.

# CHAPITRE XV

Le système des concours fut inauguré en France, en 1875, sous le ministère de M. Dufaure (arrêtés des 10 et 25 octobre 1875) ; ses résultats furent excellents, mais il ne fonctionna pas longtemps (trois ans à peu près). Il est regrettable que l'expérience n'ait pu être continuée plus longtemps.

On lui adressait des critiques auxquelles il n'est pas impossible de répondre ; sans doute on ne peut douter que le concours donne une magistrature indépendante et capable, qu'il n'assure l'entrée dans la carrière judiciaire des candidats les plus instruits ; mais on ajoute avec raison que ce ne sont pas les seules conditions pour faire un bon juge, qu'il faut de plus l'intégrité, la moralité, la dignité, et qu'un examen ne saurait porter sur ces qualités essentielles. Il faudrait en laisser l'appréciation au garde des sceaux ; on procéderait comme pour les concours d'agrégation dans les facultés de Droit : les candidats à un siège de juge présenteraient leurs titres un certain temps avant le concours ; dans l'intervalle, le ministre ferait procéder à une enquête, à la suite de laquelle il pourrait refuser l'admission au concours, mais seulement pour des motifs graves et déterminés. On pourrait dispenser du concours ceux dont la capacité juridique est attestée par un certain nombre d'années de pratique, tels que avoués, anciens bâtonniers de l'ordre des avocats.

Je n'ai pas à entrer dans les détails de l'organisation du concours ; on pourrait donner aux candidats des dossiers à dépouiller, deux par exemple, l'un au civil, l'autre au criminel, et exiger d'eux des conclusions orales et écrites. Quant à la composition du jury, elle pourrait être formée de membres de la Cour, de professeurs de Droit, etc.

Si l'on voyait trop d'inconvénients à introduire les concours, on devrait au moins toujours faire précéder l'admission dans la carrière judiciaire d'un examen simple pour s'assurer si le choix fait par le gouvernement, suivant certaines règles, est à la hauteur de la fonction. Dans les anciens Parlements, après l'introduction de la vénalité des offices, cet examen fut longtemps exigé ; tous les candidats y étaient soumis, on n'en dispensait que les vieux magistrats ayant déjà rempli d'autres charges judiciaires. Le jeune conseiller était introduit devant les Chambres réunies du Parlement ; on ouvrait le Code ou les Pandectes, au hasard, ou sur une matière choisie à l'avance ; on l'interrogeait sur quelques questions de Droit romain et sur les Ordonnances royales. Cet examen n'était pas une simple formalité ; les juges se montraient parfois très sévères. Le chancelier Michel de l'Hôpital, à l'influence duquel était due cette innovation, ne dédaignait pas de présider souvent lui-même aux examens. Cette réforme produisit de très heureux effets, et contribua sans aucun doute à élever le niveau intellectuel de nos assemblées judiciaires et à faire du Parlement de Paris cette haute Cour de justice si célèbre dans tout l'univers civilisé pour la capacité et la science juridique des conseillers qui la composaient.

Il serait bon aussi que l'admission à suite du concours

**12**

ou de l'examen fût suivie d'une espèce de noviciat, d'un
stage judiciaire, pendant lequel le futur magistrat se per-
fectionnerait dans la connaissance des lois et acquerrait
la pratique des affaires, et qui serait toujours exigé ; quelque chose d'analogue au stage facultatif, que font actuellement les attachés au Parquet. Ce nociciat judiciaire
existe actuellement en Prusse et en Italie ; il donne de
bons résultats (1).

## CHAPITRE XVI

### CONCLUSION

Je crois que le recrutement des magistrats opéré de la
manière que j'ai indiquée ne peut que procurer un excellent corps judiciaire, ayant toutes les qualités nécessaires
pour rendre une bonne justice. C'est le but auquel doivent
tendre tous les efforts et que doivent réaliser toutes les
institutions judiciaires. Il faut à un peuple une magistrature éclairée, morale, indépendante ; c'est une des conditions essentielles de sa prospérité et la plus sérieuse garantie
contre la tyrannie politique. Un bon gouvernement est
peut-être moins nécessaire qu'une bonne justice. Elle est
la gardienne des intérêts matériels et moraux d'un pays,
elle maintient l'ordre au sein de la société, elle donne au
citoyen la sécurité et le protège contre l'oppression des

(1) Sur le concours et le noviciat judiciaire dans ces deux pays : Dubarle,
*de l'Organisation judiciaire en Prusse*, pp. 85, s. ; Bernard, *Etude sur l'organis.
judiciaire italienne* (*Bulletin de la Société de législ. comparée*, 1877, p. 258).

pouvoirs publics. Sans une bonne justice, plus de sécurité, plus d'ordre, plus de liberté, plus de prospérité matérielle.

Sans doute, notre magistrature française n'a jamais pu être l'objet de critiques sérieuses et fondées, malgré les violentes attaques dont elle a été l'objet à diverses époques ; notre magistrature a toujours été intègre, impartiale, éclairée ; ce qui le prouve bien, c'est le respect que l'opinion publique a toujours eu pour la chose jugée ; ce qui le prouve aussi, c'est la confiance que les plaideurs ont toujours montrée dans la sagesse et l'impartialité des tribunaux ; il n'est peut-être pas de pays en Europe où l'usage des arbitres volontaires soit moins répandu qu'en France. L'excellence de notre corps judiciaire tient à nos mœurs, à notre caractère et à des traditions fidèlement observées, qui saisissent le jeune magistrat à son entrée dans la carrière.

Mais, enfin, il est permis de désirer pour notre magistrature plus de capacité encore et une plus grande indépendance.

Pour remplir sa difficile mission, le pouvoir judiciaire doit être exercé par un corps de magistrats bien organisé indépendant du pouvoir, soustrait à toutes les tyrannies et capable de leur résister, éloigné des luttes politiques, et uniquement préoccupé de l'application équitable des lois ; il doit être instruit et préparé à sa mission par de sérieuses études juridiques, à la fois théoriques et pratiques.

Il faut donc que toutes nos institutions tendent à constituer cette magistrature forte, indépendante et capable. Une bonne magistrature, on ne saurait assez le répéter, est la première condition de la grandeur et de la prospérité d'un peuple. Il faut qu'on puisse dire de nos institutions ce que David Hume dit des institutions de son pays :

« Tout notre système politique et chacun de ses orga-
« nes, nos flottes, notre budget, notre armée, le Parle-
« ment, tout cela n'est que pour assurer une fin unique,
« la liberté des douze grands juges d'Angleterre. »

# POSITIONS

## DROIT ROMAIN

I. — Dans la vente pure et simple, les risques sont à la charge de l'acheteur.

II. — La *litis contestatio* s'opérait *in jure* et non *in judicio*.

III. — La distinction des actions en actions *bonœ fidei* et *stricti juris* n'est pas une distinction générale : elle se restreint aux actions personnelles, contractuelles ou quasi-contractuelles, et *conceptœ in jus*.

IV. — Dans les *condictiones*, le *judex* doit se placer, pour apprécier la valeur de la chose litigieuse, au jour de la *litis contestatio*.

## DROIT CIVIL

I. — La femme mariée peut conclure, avec son mari, tous les contrats à titre onéreux que la loi n'interdit pas formellement entre époux.

II. — La femme qui contracte avec son mari n'a besoin que de la seule autorisation de celui-ci, ce qui revient à dire qu'elle peut se passer d'autorisation, cette autorisation résultant suffisamment du concours du mari dans l'acte.

III. — Une société civile ou commerciale, et notamment une société en nom collectif, intervenue pendant le mariage entre époux mariés sous le régime de la communauté, peut ne pas porter atteinte aux conventions matrimoniales et être, en conséquence, parfaitement licite.

IV. — Les donations entre époux, déguisées sous l'apparence d'un contrat à titre onéreux, sont nulles et non pas seulement réductibles.

V. — Le paragraphe 3 de l'article 1595 est applicable, quel que soit le régime matrimonial sous lequel les époux se soient mariés ; il suffit que le bien donné en paiement soit exclu de la communauté.

## DROIT COUTUMIER

I. — Les Franks, en s'établissant dans la Gaule, gardèrent leurs lois personnelles, mais ils laissèrent à leurs sujets gallo-romains la loi romaine qui se maintint dans le Midi, comme coutume territoriale.

II. — Le système des actions possessoires, dans notre
    ancien Droit coutumier, n'a pas été emprunté
    tout formé à un Droit antérieur ; il s'est formé
    progressivement, et les ordonnances des rois
    l'ont définitivement constitué.

## DROIT INTERNATIONAL PRIVÉ

Le contrat de mariage passé par des Français
    en pays étranger est valable en France, quoique
    rédigé dans la forme sous-seing privé, si cette
    forme est admise dans le pays où le contrat a été
    passé.

## DROIT ADMINISTRATIF

I. — L'abrogation de l'article 75 de la Constitution du
    22 frimaire an VIII, prononcée par le décret du
    19 septembre 1870, a eu pour conséquence de
    donner aux tribunaux ordinaires le droit d'exa-
    miner les actes faits par les fonctionnaires, pour
    savoir s'ils constituent réellement des actes
    administratifs.

II. — Les cours d'eau non navigables ni flottables doivent
    être classés parmi les *res nullius*.

ÉCONOMIE POLITIQUE

I. — L'impôt doit être proportionnel et non progressif.
II. — L'impôt sur le revenu, équitable en théorie, est
inapplicable dans la pratique.


Vu par le professeur, Président de la thèse ,

Le 13 novembre 1885,

## J. PAGET.


Vu par le Doyen de la Faculté,

Pour le Doyen empêché :

Le Professeur le remplaçant,

## V. MOLINIER.


Vu et permis d'imprimer,

Le 14 novembre 1885.

- Le Recteur de l'Académie,

## A. PERROUD.

# TABLE DES MATIÈRES

---

## PREMIÈRE PARTIE

### LE POUVOIR JUDICIAIRE A ROME

## DEUXIÈME PARTIE

### LE POUVOIR JUDICIAIRE DANS L'ANCIENNE FRANCE DEPUIS L'INVASION DES BARBARES JUSQU'A LA RÉVOLUTION

Toulouse. — Imp. Saint-Cyprien, allée de Garonne, 27.

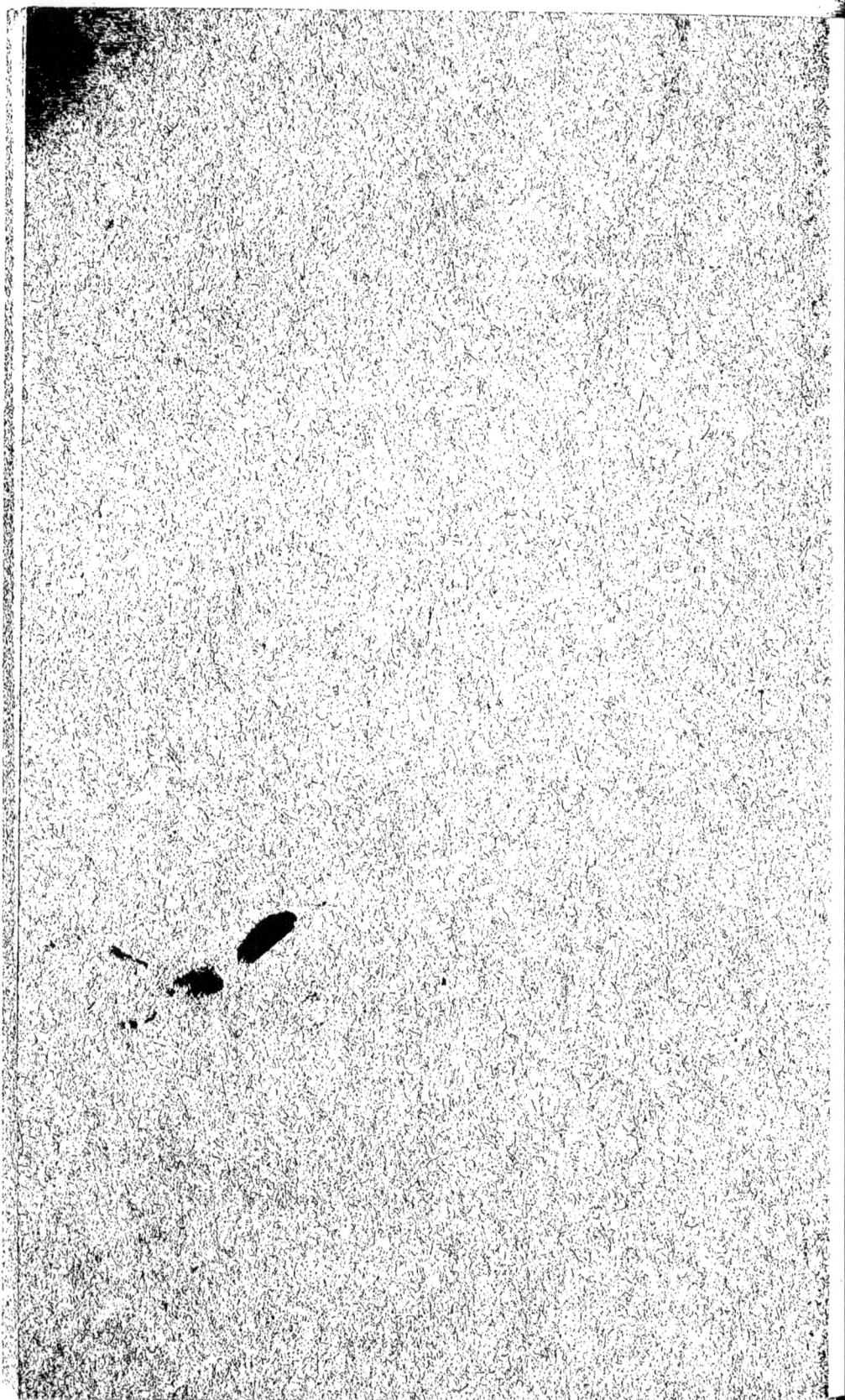

www.ingramcontent.com/pod-product-compliance
Lightning Source LLC
Chambersburg PA
CBHW031325210326
41519CB00048B/3233